DÉPLACER LA LUNE DE SON ORBITE

Andrea Marcolongo, helléniste et diplômée de Lettres classiques de l'Università degli Studi de Milan, est l'autrice des best-sellers *La Langue géniale, 9 bonnes raisons d'aimer le grec*, *La Part du héros* et *Étymologies, pour survivre au chaos*. Elle est aujourd'hui traduite dans vingt-huit pays et compte plus de 500 000 lecteurs.

Paru au Livre de Poche :

ÉTYMOLOGIES. POUR SURVIVRE AU CHAOS
LA LANGUE GÉNIALE
LA PART DU HÉROS

ANDREA MARCOLONGO

Déplacer la Lune de son orbite

TRADUIT DE L'ITALIEN
PAR BÉATRICE ROBERT-BOISSIER

STOCK

Cet ouvrage a été publié
dans la collection « Ma nuit au musée »
dirigée par Alina Gurdiel.

ISBN 978-2-253-24783-8 – 1re publication LGF

Pour mes dettes envers la Grèce

« Regarde ce temple vide et profané :
compte les débris qui lui restent encore. [...]
D'abord ma malédiction tombera
sur la tête de l'auteur de ce forfait,
– sur lui et sur toute sa postérité. »

Lord BYRON,
« La malédiction de Minerve[1] »

1. *In* lord Byron, *Œuvres complètes*, trad. Benjamin Laroche, Paris, V. Lecou, 1847 [6e éd.], 2e série, p. 4-5.

La dernière semaine de mai, dans un magasin parisien spécialisé dans les randonnées en montagne, j'ai acheté un lit de camp, un sac de couchage et une lampe torche.

Le lendemain, j'ai chargé mon bagage, plus lourd que je ne le pensais, dans la soute d'un avion partant bien avant l'aube. Quelques heures plus tard, j'ai installé mon équipement d'alpiniste sur le sol froid du musée de l'Acropole à Athènes où j'ai passé une nuit de lune décroissante, entièrement seule.

Une première, du jamais vu, m'ont répété des dizaines de fois les gardiens alors que je tâchais péniblement de monter les pieds en aluminium de ma couchette : personne au monde n'a jamais passé la nuit dans le musée de l'Acropole.

Ils ne se doutent pas, ces Grecs ébahis, que j'ai encore plus de mal à y croire qu'eux.

J'en suis même sidérée : ce qui me paraît irréel et

presque effrayant n'est pas tant qu'après un an ou presque de pourparlers avec mon éditeur, le directeur du musée le plus important d'Athènes – l'épicentre culturel de notre civilisation, dit-on – ait fini par autoriser une aventure littéraire aussi exceptionnelle. Le plus renversant, c'est que parmi la multitude de personnes qui, ces deux mille cinq cents dernières années, ont succombé aux charmes de la Grèce éternelle, c'est à moi que cette occasion unique dans l'histoire du musée a été accordée.

Autant que je me souvienne, je n'ai jamais passé une seule nuit en dehors d'un vrai lit. Je n'ai jamais monté de tentes branlantes et ne me suis jamais allongée comme une momie dans un sac de couchage aux odeurs de plastique et de transpiration.

Mon corps, dorloté et ignorant, ne connaît pas le contact avec la terre nue, il ne sait reconnaître la vibration d'un pas étranger ni le glissement froid d'un serpent.

Juste avant le coucher du soleil, j'ai soigneusement disposé les quelques objets pris avec moi – une banane, une bouteille d'eau, un carnet, une brosse à dents – auprès du climatiseur de la salle qui me servira cette nuit de table de chevet.

La vie sait parfois se montrer déconcertante : qui aurait imaginé que ma première expérience de camping serait une nuit toute seule au musée de l'Acropole à Athènes ?

C'est sûrement une actrice, commente un gardien qui se demande ce que je peux bien faire là cette nuit.

Cette défiance à l'égard des lettres, la dévalorisation constante des métiers intellectuels par rapport au tapis rouge ne me blesse pas, j'y suis habituée.

Ce qui me pique au vif, ce n'est pas l'association automatique entre renommée médiatique et honneurs, ni que la célébrité ouvre toutes les portes, y compris celles du musée de l'Acropole par une nuit de printemps. C'est reconnaître que le gardien a raison : si je suis là, c'est parce que j'ai su jouer mon rôle à la perfection.

« L'héroïne grecque », ainsi s'intitulait l'article du *Monde* lorsque mon premier livre consacré au grec ancien fut publié en France. Depuis, j'ai eu droit à un florilège d'épithètes : la pasionaria de la Grèce, la sauveuse des lettres classiques ; en tant que dernière gardienne de l'Antiquité, « l'Athéna moderne », j'ai reçu des invitations à toutes sortes d'événements.

Cette nuit, bizarrement, mon incapacité à articuler une seule phrase en grec moderne n'a pas éveillé les soupçons des gardiens du musée de l'Acropole, qui sont bien vite passés à l'anglais pour s'adresser à moi.

Une drôle d'héroïne – me dis-je à présent en balbutiant quelques banalités dans la koinè contemporaine – à qui l'on fait appel pour défendre contre la barbarie un monde dont elle ignore la langue.

J'ai eu honte de cette aphasie en grec dès mon premier jour de philhellène présumée – ainsi que de mille autres lacunes, mille autres insuffisances.

Cette nuit, entre héroïne et menteuse, la frontière semble très mince à l'analphabète en grec que je suis.

Les instructions ont été succinctes, les interdictions rares. Hormis vandaliser les marbres sculptés par Phidias ou les voler pour les revendre, je peux tout faire ou presque.

L'assistante du directeur du musée, la responsable du Centre culturel hellénique de Paris qui m'a accueillie à l'entrée, les gardiens souriants, tous ont été très chaleureux et aimables. Personne n'a osé me donner des consignes, ni douter de ma probité ou de ma conduite irréprochable.

Avec une élégance digne d'un palace, on m'a indiqué les toilettes dont je pourrai disposer à ma guise. D'une délicatesse toute méditerranéenne, les responsables du musée se sont assurés que j'avais dîné, offrant même de m'apporter une collation au cas où je serais assaillie par la faim pendant la nuit.

Je craignais d'être fouillée comme cela arrive parfois aux frontières de l'Europe, mais personne n'a pris la peine de vérifier le contenu de mon sac, ni de voir si ce lourd paquet de toile bleue contenait véritablement un lit de camp et non une hache ou une kalachnikov. Je ne sais même pas s'il y a une alarme, je le suppose. Mais je n'ai pas l'intention de toucher quoi que ce soit, je fais au contraire attention à garder une bonne distance avec les marbres afin d'éviter tout accident. Je pourrais trébucher maladroitement, tomber et entraîner avec moi ces pierres éternelles dans le giron de l'enfer réservé aux mortels condamnés à l'oubli.

Ou alors ces marbres pourraient bien démasquer mon imposture.

Et se venger.

Lorsque le dernier gardien de nuit part contrôler l'étage inférieur, me laissant enfin seule face aux frises et aux métopes commandées par Périclès, l'envie me démange de sortir de mon sac à fleurs le seul livre, malgré tous les classiques grecs à ma disposition, que j'ai choisi de prendre avec moi cette nuit. Si cela venait à se savoir, j'en mourrais de honte.

Contrairement à ce que mon rôle de parfaite philhellène pourrait laisser penser, je n'ai pris avec moi ni Homère ni Platon – Platon qui va toujours si bien avec tout.

J'ai été paresseuse.

Le livre que j'ai eu envie d'emporter pour passer la nuit face à ce qui reste à Athènes des marbres du Parthénon n'est autre que la biographie de lord Elgin.

L'être humain est décidément une étrange machine. On lui donne du pain, de l'eau, parfois du vin, et il transforme ce combustible en larmes, en rires, en rêves.

Et souvent en mensonges aussi.

Dans ce paradis perdu et parfaitement imaginaire qu'est la Grèce classique, pour nous autres Européens d'Occident, rien n'est plus antique que l'Acropole d'Athènes. Et pourtant je suis plus âgée que ce musée où je m'apprête à passer la nuit sur un lit de camp.

Le musée de l'Acropole va bientôt fêter ses treize ans. C'est un musée enfant, à peine adolescent, mais il a fallu plus de quarante ans pour le construire ; le premier concours public remonte à l'année 1976. L'immense édifice moderne dessiné par l'architecte suisse Bernard Tschumi et le Grec Michalis Photiadis n'a été inauguré qu'en 2009, après des années de travail et de projets écartés, car à Athènes le passé jaillit du sol comme de la lave, sous la forme de vestiges archéologiques.

C'est sans doute l'une des raisons du voile de mélancolie que j'ai toujours cru déceler dans le regard des Grecs : ils sont un peuple qui n'a pas le droit d'oublier.

Comme Sisyphe, les malheureux sont contraints au souvenir depuis des millénaires.

À la différence que le rocher qu'ils doivent déplacer au prix de tant d'efforts n'est pas roulé vers le sommet de la montagne, mais surgit éternellement au-dessous d'eux.

Dionysiou Areopagitou 15, rue Denys l'Aréopagite, le saint patron d'Athènes : voici l'adresse exacte du musée de l'Acropole, au cas où je recevrais du courrier cette nuit. Si je souhaite en envoyer, j'ai déjà remarqué une boîte aux lettres à côté de l'entrée – elle m'a rassurée sur l'état du monde, comme les boîtes aux lettres devant les portes coulissantes des aéroports, ces monolithes de fer jaunes érigés aux temps passés et oubliés à côté des machines modernes à emballer les valises dans de la cellophane.

Je pense à celui qui, après avoir visité le musée de l'Acropole et acheté une carte postale des Caryatides ou du Moschophore à la boutique de souvenirs du rez-de-chaussée, serait soudain saisi de l'impérieux besoin de l'envoyer sans attendre. Comme si la vie dépendait de ce simple timbre collé d'un coup de langue.

Je connais ce sentiment d'urgence irrésistible. À l'extérieur de ce musée, il y a quelqu'un à qui j'écris une carte postale chaque semaine.

Alors, cette nuit, avant d'arriver ici, j'en ai acheté une.

Moins pour sauvegarder le passé que pour protéger le moment présent de l'avenir.

J'avais rendez-vous avec l'assistante du directeur du musée à 20 heures, un peu avant le coucher du soleil. Je suis venue à pied, mon hôtel est à côté, dans le kaléidoscope touristique blanc et bleu de Plaka. Son nom, l'hôtel Byron, m'a paru un signe, une prémonition de l'histoire que je souhaite raconter – tout comme l'absence du titre *lord* d'ordinaire attaché au poète anglais, père du philhellénisme, comme pour souligner la modestie de l'établissement.

Anna m'attendait en souriant à l'entrée, en haut de la volée de gradins qui, telle la *cavea* des théâtres antiques, conduit au site archéologique en contrebas du musée, juché sur d'énormes piliers – j'ai lu quelque part qu'ils s'enfoncent comme des crocs de béton armé jusque dans le substrat rocheux du sol athénien, protégeant tout ce qui subsiste de l'Acropole des tremblements de terre jusqu'à la magnitude 10 sur l'échelle de Richter.

Ces précautions d'ordre géologique sont assurément indispensables, mais je ne suis pas certaine que la plus grande menace contre l'Antiquité vienne un jour de la terre qui l'a produite ; je crains plutôt que l'incurie des hommes qui en ont hérité produise l'ultime tremblement de terre transformant les vestiges de la Grèce antique en décombres.

À force de détruire, nous serons nous-mêmes devenus des ruines.

Les présentations ont été rapides, comme s'il fallait se hâter pour un rendez-vous avec une nuit différente de toutes les autres et destinée, pour cette raison même, à passer plus vite.

On ne m'a même pas demandé mon passeport. Aucun papier ni photo qui puisse prouver que le pâle visage dont je suis affublée soit vraiment le mien.

Si une autre s'était présentée à ma place sous mon nom, les choses se seraient peut-être déroulées de la même manière.

Au fond, la seule protagoniste de toutes les nuits d'Athènes est l'Acropole. Comme tous les mortels, minuscules et ébahis, qui ont foulé le sol à ses pieds en levant les yeux vers ses hauteurs, je ne suis qu'une figurante vouée à disparaître.

Les Grecs me font confiance, comme ils l'ont toujours fait, dès mon premier livre. Ils ne m'ont jamais posé de questions.

Ils auraient dû. Nous savons tous ce qui s'est passé la dernière fois qu'un étranger s'est présenté devant le Parthénon avec un grand sourire et de belles intentions.

Il l'a emporté. Il l'a emporté à Londres. Pour le revendre.

Vingt-cinq mille mètres carrés, telle est la surface que j'aurai à ma disposition pendant les douze prochaines heures. Pas mal, comparé aux vingt modestes mètres carrés avec vue sur Montmartre dont je suis propriétaire depuis quelques années. *Tu t'es acheté un appartement à Paris avec des livres sur le grec, quel exploit !* m'avait dit un ami d'un ton amusé, le soir où nous fêtions ensemble la signature chez le notaire. Je n'avais pas ri.

Depuis, cette impression m'est restée collée à la peau comme une sueur froide : l'achat du premier et peut-être du seul appartement que je posséderais jamais était le fruit d'une sorte d'extorsion aux dépens de la Grèce.

Ou plutôt d'une escroquerie, d'un vol « avec dextérité », comme on désigne en italien la circonstance aggravante d'un vol exécuté avec une habileté, une ruse ou une créativité particulières.

Comment as-tu eu l'idée d'écrire un livre sur le grec ? Comme c'est original ! m'a-t-on félicitée pendant des années.

C'est vrai, j'ai fait preuve d'imagination. Comme certains voleurs.

La nouveauté, quelle qu'elle soit, est insupportable à Athènes.

Tout visiteur âgé de plus de vingt ans du *nouveau* musée de l'Acropole ne peut s'empêcher de le comparer à l'*ancien*. Celui qui se trouvait sur l'Acropole, une charmante petite maison en brique bâtie sur le côté est du Parthénon.

Construit en 1863, à peine trente ans après le départ de la dernière garnison turque, l'ancien musée de l'Acropole était vite devenu trop petit pour accueillir les œuvres qui avaient refait surface au cours des campagnes archéologiques.

Je me souviens de l'avoir visité, très impressionnée, lors de ma première montée sur l'Acropole en voyage scolaire.

Je l'avais même pris pour des toilettes publiques tant il était discret et modeste.

Je n'ai reçu aucune consigne pour installer mon lit cette nuit. Je n'ai pas demandé, le directeur non plus.

Il a dû sembler à tous parfaitement normal, et même indiscutable, que je passerais la nuit au troisième étage, devant les marbres du Parthénon.

Je connais déjà le musée, je l'ai visité à plusieurs reprises : il m'a paru chaque fois plus beau et poignant.

Chaque fois plus vide.

Ce soir, je n'ai même pas pris la peine de visiter le rez-de-chaussée, où se trouvent les vestiges des autres édifices qui recouvraient autrefois l'Acropole, ni le premier étage, où sont exposées les œuvres – dont les Caryatides – retrouvées autour du Parthénon et ornant autrefois les maisons et les temples. J'ai pris directement l'escalier mécanique pour monter jusqu'aux marbres de Phidias, comme si c'était parfaitement naturel.

Comme si je rentrais chez moi.

Je n'y avais pas pensé depuis des années, et pourtant ce soir, en montant au dernier étage du musée de l'Acropole, me revient en mémoire la plaisanterie de l'un de mes professeurs de grec à l'université qui, les rares fois où je le croisais, tremblante, dans l'ascenseur, me demandait tout content de ce trait d'esprit que ne comprendrait aujourd'hui qu'une poignée de personnes : Anabase ou catabase ?

C'est-à-dire : montée ou descente ?

Le héros grec de l'anabase, d'où vient le titre de son livre le plus célèbre, était Xénophon, qui décrit le retour difficile vers la mer bleue de Grèce des dix mille soldats grecs à la solde de Cyrus, perdus dans les terres désolées de Perse. À l'inverse, le premier, comme toujours le premier, à avoir osé entreprendre une catabase tout en bas, au royaume des morts, fut Ulysse qui, au cours de son long périple, arriva au pays des Cimmériens et descendit dans l'obscur Hadès pour rencontrer le devin Tirésias et surtout sa propre mère, Anticlée, morte d'un excès de nostalgie.

Le lent escalator fait de moi un *deus ex machina* trivial, venu cette nuit troubler la tranquillité tragique des marbres de Phidias. En montant je vois passer sous mes pieds les Caryatides épuisées par leur tâche éternelle, protégées par un sol en verre transparent, semblables à de longs insectes dans un bocal de formol.

Cette nuit sera-t-elle pour moi une anabase ou une catabase ?

Je ne peux m'empêcher de me demander si je suis en train de monter vers chez moi, cette Grèce à laquelle je ne fais que jurer publiquement fidélité et dévouement pour la trahir aussitôt en échange de quelques broutilles et d'un nouveau contrat de livre. Exactement comme les mercenaires de Cyrus. Ou si je suis au contraire en train de descendre dans un enfer que, de façon perverse, je me suis inventé toute seule.

Cette même descente aux enfers pavée de grécité et de bonnes intentions esthétiques qui, il y a deux cents ans, ruina la vie de lord Elgin.

Et, bien sûr, mutila à jamais le Parthénon.

« J'y ai amené ma destinée – ce n'est pas ma destinée qui m'a amené[1] », disait Alexis Zorba dans le roman de Kazantzakis.

J'ignore quand a commencé mon destin, mais cette nuit, au musée de l'Acropole d'Athènes, j'ai l'impression de m'être simplement laissé entraîner. Depuis le début, depuis le tout premier mot hésitant que, au lycée, j'ai griffonné en grec.

Je ne suis pas grecque. Mais je ne suis pas non plus française, bien que cet incroyable projet littéraire le soit, comme le sont mon éditeur, mes amis, mes voisins, la langue que je parle chaque jour. Tout ce monde auquel j'ai décidé, avec un acharnement obstiné, d'appartenir depuis quelques années.

Même si j'aime parfois faire mine de l'oublier, en m'efforçant d'édulcorer les gestes et l'accent que j'ai

1. Nikos Kazantzakis, *Alexis Zorba*, traduit du grec par René Bouchet, Cambourakis, 2015, p. 213.

reçus de ma terre en héritage, avant tout, je suis italienne.

Ce n'est ni une opportunité professionnelle ni un déménagement sentimental qui m'ont menée à Paris. Je n'ai pas non plus été chassée de mon pays natal par une guerre, une catastrophe naturelle ou une crise économique. Si j'ai quitté l'Italie, c'est parce que j'en avais envie.

J'ai presque honte de le reconnaître à présent : ma condition d'exilée par choix représente l'affront suprême, inadmissible scandale, envers ceux qui sont expulsés de leur terre par une tragédie inacceptable. Dans mon cas, il s'agit d'une comédie.

Je suis une migrante par caprice et par ennui.

L'opéra, Venise, les pâtes, Botticelli, la mode, Dante, me répond-on lorsque je dis que je suis italienne. La *dolce vita*.

Jamais je n'en ai tiré le moindre orgueil, comme si cette beauté avait pu en quelque sorte m'appartenir. Je la constate, je lui suis reconnaissante, mais je n'ai aucunement l'impression d'en faire partie au prétexte que j'ai du sang italien dans les veines.

Ce n'est pas de la fierté que je ressens aujourd'hui à l'égard de l'Italie, j'ai plutôt le sentiment d'avoir déserté.

Je suis de ces Italiens à l'étranger qui ne cuisinent ni spaghettis ni tiramisu. De ceux qui dans les fêtes ne chantent ni Domenico Modugno ni Raffaella Carrà, je fais même parfois semblant de ne pas connaître les paroles. De ceux qui ne se consument pas de nostalgie pour Capri ou pour Florence, qui n'ont ni bonnes adresses de restaurants à conseiller ni itinéraires secrets à partager. Qui ne lisent plus depuis des années les journaux italiens pour s'épargner l'embarras d'y découvrir les frasques des politiciens les plus extravagants d'Europe, et qui ont presque plus honte des deux décennies berlusconiennes que de la sacro-sainte alliance pizza, mandoline et mafia.

Je suis de ces Italiens à l'étranger qui ont la sensation d'avoir échappé par miracle à un danger énorme, celui de la caricature.

Ce qui empêche inévitablement de nombreux immigrés d'apprendre la langue de leur pays d'accueil, au-delà des simples échanges quotidiens, et d'assimiler ce que l'on appelle dans les livres d'école les « us et coutumes » locaux, c'est l'espoir irrationnel qu'il ne s'agisse, au fond, que d'un séjour temporaire. La conviction que l'urgence qui les a poussés à quitter leur maison et leur terre natale n'est autre que l'un des nombreux accidents qui scandent la vie, destiné à se résoudre bien vite et à aboutir naturellement au retour.

De même qu'un touriste en vacances dans une destination exotique ne prend pas la peine d'apprendre la langue ni de se fondre parmi les autochtones, de nombreux immigrés, quelle que soit leur classe sociale, considèrent l'intégration comme un effort superflu et le retour chez eux toujours possible, même après des décennies.

Ils ne vivent pas là, ils ne font que passer. Un escargot tout nu, mais certain de récupérer bientôt sa coquille perdue en chemin.

Moi, je suis arrivée en France pour y rester. J'ai tout fait pour détruire la coque de ma patrie et me fondre parmi les Français, mes nouveaux compatriotes. Pour décolorer le vert du drapeau tricolore italien et le teindre en *bleu**.

Peut-être que la Grèce n'est pour moi qu'un transfert, pour parler comme les psychologues. Ma relation à l'Italie est si irrésolue et meurtrie, et celle à la France si jeune et inaccomplie, que je me suis fabriqué un troisième pays de cœur, encore plus exotique et lointain.

Ou peut-être s'agit-il du complexe millénaire face à la Grèce que nous tous Italiens portons gravé dans notre orgueil : nous avons beau être un « peuple de saints, de poètes et de navigateurs », nous sommes surtout des faussaires.

L'Empire romain a sans conteste été le plus impor-

---

* Les mots en italique suivis d'un astérisque sont en français dans le texte. (*N.d.T.*)

tant du monde antique, et César et Auguste ont été les plus grands stratèges avant Churchill et De Gaulle, mais pour ce qui est de la culture, nous, les héritiers des Latins, nous l'avons allègrement copiée sur celle, inégalable, des Grecs.

Graecia capta ferum victorem cepit, écrivait Horace, « La Grèce conquise conquit son farouche vainqueur[1] », et dans cette histoire les farouches sauvages, ce sont les Latins, c'est nous. La culture et le raffinement sont du côté des autres, les contemporains de Périclès qui ont su construire ce Parthénon face auquel je me trouve cette nuit.

Les Romains ont ainsi contrefait la Grèce. Les Italiens, puis tous les peuples latins, y compris les Français, ont contrefait Rome. Et moi, fausse Française, Italienne renégate et prétendue philhellène, que vais-je donc falsifier cette nuit au musée de l'Acropole ?

Comment ai-je pu imaginer pouvoir accéder par osmose à la vérité cristalline celée tel un fossile dans les marbres de Phidias ?

Je suis italienne parce que j'habite la langue italienne, dis-je parfois, comme pour me justifier. Je l'habite mais je ne la parle pas. N'ayant pas d'amis

---

1. Horace, *Épîtres*, texte établi et traduit par François Villeneuve, Les Belles Lettres, « Collection des Universités de France », 3e éd. revue et corrigée, 1955, II, 1, p. 156-157.

italiens à Paris, je peux passer des semaines entières sans prononcer un mot d'italien, si ce n'est avec ma conscience.

La langue italienne est devenue pour moi la langue du silence, de l'élucubration, des pensées obsessionnelles et des regrets.

Cependant je n'écris qu'en italien, même quand je voudrais ou pourrais le faire en français. Mon écriture est donc italienne par choix. Un choix voulu, revendiqué, maintenu même s'il me prive de partager ce que j'écris avec ceux qui m'entourent et ne parlent pas italien. Des silences, des ruptures, encore.

Ce n'est pas la maîtrise du français qui me fait obstacle. Je suis même certaine qu'il ne s'agit que d'une question de temps, un jour ou l'autre je commencerai à écrire en français, ne serait-ce que pour simplifier la vie de mon éditeur. Pour le moment, je temporise afin de retarder le plus possible la conséquence extrême, la coupure ultime : lorsque je cesserai d'écrire en italien, je trancherai le dernier lien qui m'unit à l'Italie.

Ce n'est pas qu'une affaire de géographie. Il n'est pas uniquement question dans mon histoire de déracinement et de patrie reniée. Je sais bien que mon lien avec l'Italie serait différent si je n'étais pas orpheline de père et de mère.

Mon errance n'est pas due à l'absence d'une adresse, mais au manque d'une famille vers laquelle retourner.

Ma mère est morte il y a bien longtemps, lorsque

j'étais petite fille et que le musée où je m'apprête à passer la nuit n'existait pas encore – depuis des années, je mesure la profondeur de son absence à l'aune des innovations technologiques qu'elle n'a pas connues : le train à grande vitesse *Frecciarossa*, le smartphone, les réseaux sociaux.

Mes souvenirs sont lointains, flous, sourds : je ne crois pas me souvenir de la voix de ma mère.

Mon père, lui, est parti récemment, laissant une sensation indéfinissable de manque, comme un halo de perte dans tous les espaces de ma vie.

Et de trahison : c'est étrange à dire, mais je ne pensais pas qu'il mourrait un jour.

L'Italie était mon père à mes yeux, j'ai parlé avec lui chaque matin et chaque soir pendant plus de trente ans. Et l'italien était ma langue paternelle.

Peu m'importe si chaque jour plus de soixante millions de personnes continuent de le parler en Italie : sans lui je n'attends plus de l'italien que le silence.

Il ne fut pas tout de suite question d'Athènes.

En tant qu'Italienne, une nuit aux Offices, aux musées du Vatican, à Capodimonte, même à Pompéi, aurait pu sembler évidente.

Je n'ai jamais ne serait-ce qu'envisagé ces possibilités : ce sont tous des musées que je connais et aime profondément, mais ce n'est pas moi. Ils ne m'appartiennent pas.

En toute lâcheté, je préfère ce soir que les gardiens

du musée de l'Acropole me prennent pour une idiote, ou une menteuse, incapable de parler grec, plutôt qu'être obligée d'échanger toute la nuit des politesses avec un compatriote.

Cette nuit, l'idée de parler italien avec tout autre que mon père me semble insoutenable.

Qui sait comment tu te sentiras avec tous ces yeux de marbre rivés sur toi toute la nuit, m'ont dit mes amis avant mon départ pour m'impressionner.

En attendant que le crépuscule tire son rideau d'ombre sur les lumières d'Athènes, je prends conscience que les yeux braqués sur moi seront assez rares cette nuit.

En parcourant du regard ce qui reste des frises et des métopes du Parthénon, j'aperçois quelques fragments de tête, beaucoup de pieds, quelques bras, des museaux de chevaux. Mais les visages de ces hommes et de ces femmes éternels, sculptés dans la pierre par l'école de Phidias afin qu'ils puissent voir et être vus, ne sont plus ici. Ils ont été engloutis par le temps. Ou décapités par l'avidité humaine qui a emporté ces têtes.

J'aurais pu choisir parmi le trop plein et le trop riche de Rome, Florence ou Venise. Mais j'ai décidé de passer la nuit dans un musée vide.

Ce ne sont pas les marbres qui m'effraient cette nuit, c'est leur absence. Je crains de m'être une nouvelle fois engagée, consciemment qui plus est, dans une histoire de manque, de perte, de lacune. De vide et d'abandon.

Une autre « petite attaque du destin au gaz lacrymogène[1] », comme l'écrivait Georges Séféris.

Avec le temps, à force d'y croire, le vide dans l'âme peut se combler, c'est du moins ce que l'on dit. Mais comment remédier au vide d'un musée ? N'est-ce vraiment qu'une question logistique de restitution, que les Grecs attendent patiemment depuis deux cents ans et pour laquelle ils ont construit le musée moderne où je me trouve cette nuit, ou bien, une fois mise au jour, l'absence devient-elle impossible à combler ?

Suffit-il de faire défiler à l'envers le film des jours et des mensonges, et de remettre les choses à leur place, qu'il s'agisse d'une brosse à dents sur l'étagère de la salle de bains ou des marbres de Phidias sur le Parthénon, pour que tout rentre dans l'ordre, pour que le vide redevienne plein ?

Et ôter à l'un pour rendre à l'autre, n'est-ce pas créer ailleurs un manque qui n'existait pas auparavant ?

---

1. Georges Séféris, *Six nuits sur l'Acropole*, traduction du grec et présentation par Gilles Ortlieb, Le Bruit du temps, 2013, p. 106.

Parfois j'ai l'impression de trébucher dans les fils fins et désordonnés que la vie tresse pour manifester son sens. Hasard ou destin, le premier marbre sur lequel se posent mes yeux cette nuit ne vient pas de Grèce, ou plutôt il a bien été sculpté à Athènes mais c'est d'Italie qu'il a été restitué.

Je n'avais pas lu la nouvelle dans les journaux. J'ignorais tout de cette affaire représentative de la polémique fébrile qui accompagne le sort des marbres du Parthénon.

J'ai presque sursauté lorsque, déambulant dans la salle rectangulaire pour faire une sorte de visite préliminaire à ma longue nuit, je me suis retrouvée devant une petite vitrine.

Lors de ma dernière visite au musée de l'Acropole il y a trois mois à peine, elle n'était pas là.

À l'intérieur, éclairée avec élégance et accompagnée d'un cartel sobre, se trouve une plaque de marbre pentélique (le marbre, extrait du mont homonyme, dans lequel est sculpté le Parthénon) appartenant à la frise orientale et restituée à Athènes par le musée archéologique Salinas de Palerme.

Le vestige est aussi connu sous le nom de « fragment Fagan », du nom du consul d'Angleterre en Sicile Robert Fagan qui en était devenu le propriétaire au début du XIXe siècle dans des circonstances restées obscures. À sa mort, le marbre fut transmis en héritage à sa femme, qui s'empressa de le revendre au musée de Palerme entre 1818 et 1820.

Je connais le musée Salinas, j'y ai été invitée pour parler de Calypso et des femmes chez Homère quelques jours avant que le monde ne se brise sous le poids de la pandémie ; mais ce marbre, je ne l'avais même pas remarqué.

À peine deux semaines avant mon arrivée ici à l'Acropole, ce fragment représentant un pied, peut-être celui de la déesse Artémis assise sur son trône, est rentré chez lui, auprès de ses frères et sœurs de marbre muet. Ce devait être au départ un prêt temporaire, un accord signé entre le musée Salinas et celui de l'Acropole pour un échange d'œuvres, mais la Sicile a finalement opté pour une restitution définitive suivie d'une décision juridique lui permettant de renoncer à son droit de propriété.

Cette nuit, ce marbre rentré à Athènes depuis l'Italie me semble être un signe. Et une consolation.

J'imagine le pied d'Artémis, vingt-cinq siècles après avoir été sculpté par Phidias, chargé dans la soute d'un avion prêt à décoller sur la piste de Punta Raisi, la pointe extrême de la côte occidentale de la Sicile où se trouve l'aéroport de Palerme, l'un de mes favoris au monde car il s'ouvre sur la mer, tel le balcon d'un palais baroque. Je le vois emprunter, non sur l'eau mais dans le ciel, la même route parcourue par Ulysse pour rentrer en Grèce, déjouant sirènes, monstres marins et nymphes au charme irrésistible.

Et je peux presque entendre le marbre soupirer de soulagement à l'ouverture de la porte de l'avion, lorsque l'air chaud d'Athènes, son Ithaque en Attique, le caresse voluptueusement comme il l'avait fait durant ses deux mille années au sommet du Parthénon.

Cette histoire de retours, de *nostoi* dit-on en grec, d'où vient le mot « nostalgie », est le premier des cadeaux que cette nuit au musée m'a offerts.

Inopinément, je me sens pour la première fois fière d'appartenir à mon pays, l'Italie.

Alors je regarde une dernière fois le fragment rentré à Athènes telle une brebis égarée, et j'ai l'impression de sentir peser sur ma poitrine toute l'amertume et toute la douceur de la condition humaine.

Si à Londres toute idée de restitution est inenvisageable, la France ne peut pas en dire autant. Au Louvre, dans le département des Antiquités grecques, sont toujours exposés une métope et un fragment de frise du Parthénon, bien qu'ils passent souvent inaperçus auprès des visiteurs à la recherche de la *Victoire de Samothrace* ou de la *Vénus de Milo*.

La métope, la dixième du côté sud du Parthénon, est tout simplement splendide : un centaure sauvage est saisi en train d'enlever une femme lapithe dont le péplos se soulève au vent. Le fragment de frise quant à lui représente des jeunes filles appelées Ergastines, participant à la procession organisée lors des Panathénées où elles étaient chargées de tisser le précieux vêtement en l'honneur de la déesse Athéna.

Les deux marbres aujourd'hui au Louvre faisaient partie de la collection réunie par le comte de Choiseul-Gouffier, ambassadeur de France auprès de la cour ottomane sous l'Empire napoléonien, membre de l'Académie française et auteur d'un *Voyage pittoresque de la Grèce*.

Ce fut Louis-François-Sébastien Fauvel, peintre et archéologue accompagnant la mission diplomatique, qui rassembla pour lui à Athènes un grand nombre d'œuvres antiques, nourrissant durant toute son existence une rivalité pleine de rancune à l'égard de lord Elgin et de son peintre italien, Giovanni Lusieri. Toutefois, à la différence des Anglais, les Français n'obtinrent jamais l'autorisation du sultan de monter au sommet de l'Acropole qui était alors un rocher fortifié, de crainte qu'ils n'épient de là-haut les honnêtes femmes turques.

« Enlevez tout ce que vous pourrez. Ne négligez aucune occasion de piller dans Athènes et dans son territoire tout ce qu'il y a de pillable. N'épargnez ni les morts ni les vivants[1] », écrivait le comte de Choiseul-Gouffier depuis Constantinople à son assistant Fauvel

1. Cité par William St. Clair, *Lord Elgin, l'homme qui s'empara des marbres du Parthénon*, trad. Jeannie et Marielle Carlier,

en poste à Athènes. Ce dernier se serait exécuté de bonne grâce si lord Elgin et son équipe n'avaient pas déjà envoyé à Londres les pièces archéologiques les plus importantes dont quinze métopes, dix-sept statues provenant des frontons et soixante-quinze des cent soixante mètres de la frise du Parthénon.

Curieusement, dans cette histoire de départs et d'arrivées, de prise et d'abandon, le fragment de frise du Parthénon spolié par Fauvel sur ordre de Choiseul-Gouffier resta jusqu'en 1802 dans les dépôts du Louvre où il était arrivé en 1798, lorsque Napoléon en personne en réclama l'exposition au public, agacé que la France ne possédât pas assez d'œuvres de Phidias pour concurrencer l'incomparable collection anglaise.

Il en va souvent ainsi : le véritable talent n'est pas de découvrir un trésor, mais de savoir qu'en faire.

L'absence comme une présence plus aiguë.

Ce sont les histoires des marbres absents qui m'intéressent cette nuit au musée de l'Acropole, presque plus que ceux qui se trouvent devant moi dans leur présence silencieuse, que je pourrais toucher en tendant la main comme pour cueillir une pomme ou une fleur.

Je veux essayer de combler, au moins par les mots, le vide laissé par les scies et les pioches des Européens

---

Macula, p. 65. Sauf indication contraire, les citations des différents témoins de l'époque sont tirées de cet ouvrage.

qui ont fait sans remords de la Grèce antique une « boutique de pierres[1] », comme l'écrivait lord Byron.

Mais qui suis-je au fond pour juger, me dis-je, en retrouvant dans mon sac la biographie de lord Elgin tout annotée. Moi qui, après avoir appris presque par hasard le grec ancien à l'école, ai fait de la Grèce ma *boutique d'idées** personnelle et qui ai bâti sur elle ma carrière d'écrivaine et ma vie entière.

Je ne suis certainement pas la première, ni la seule. Toute l'Europe a fait comme moi depuis l'époque d'Alexandre le Grand. En Grèce, nous avons toujours tout pris, excavé, extrait sans précaution ni remords. Et nous avons fabriqué, au fil des siècles, notre conception de la culture et de la civilisation à partir d'idées que nous leur avons dérobées.

Nous aimons à dire que les racines classiques sont les « nôtres », mais en réalité l'arbre dont nous sommes si fiers est le résultat d'une greffe comme l'on appelle en botanique la pratique consistant à implanter un arbuste plus fragile sur les racines d'un autre plus résistant.

Ses fruits en sont le monde insoutenable que nous habitons aujourd'hui.

---

1. Lord Byron, « La malédiction de Minerve », in *Œuvres complètes*, *op. cit.*, p. 5.

« Cette nuit ce sera toi, la gardienne de l'Acropole », m'a dit généreusement un ami grec très cher, venu tout à l'heure prendre les photos d'usage pour immortaliser ce moment auquel, demain à l'aube, j'aurai peine à croire. Mais lorsque j'avance, silencieuse et prudente, dans la galerie du Parthénon, j'ai les gestes mesurés et précis de celle qui, bien loin de garder, s'apprête à voler, non pas des marbres, mais des histoires.

Au détriment des bonnes manières, j'ai enlevé mes chaussures et les ai soigneusement rangées à côté de mon lit de camp. Cette nuit, je resterai pieds nus.

Depuis que Phidias a déposé à jamais son ciseau, ces marbres vivent dans le silence, ou plutôt ils *sont* le silence même d'un monde perdu, condensé dans ces pierres tel un jade intense : je ne me permettrais pas de les déranger avec le claquement irritant de mes talons sur le sol.

Derrière les immenses baies vitrées du musée, Athènes se prépare à la liesse sans sommeil d'un samedi soir de fin de printemps. Je me surprends à me demander si l'on me voit depuis l'extérieur, est-ce par timidité ou exhibitionnisme ?

Une part de moi craint que cette aventure ne soit un énième excès d'*hybris*, comme les Anciens appelaient l'arrogance insolente de ceux qui ne savaient pas respecter la nécessaire mesure en toutes choses et étaient aussitôt punis par Némésis. Une autre part de moi voudrait au contraire que je sois vue de tous ceux qui passent cette nuit au pied de l'Acropole, qu'ils soient témoins de ce privilège inédit qui m'a été accordé, à moi et à nul autre. Et s'il m'a été accordé, c'est bien que j'ai su mériter un laissez-passer, une preuve supplémentaire de mon statut de la plus philhellène des écrivaines – et que la Grèce m'a naïvement dit une nouvelle fois : *bravo*.

Je me perds à imaginer les réactions des passants, une bière fraîche ou un gyros encore chaud à la main, apercevant derrière les vitres éclairées par les lampadaires une silhouette humaine en train de se promener la nuit dans les galeries du musée de l'Acropole. Quelle serait leur réaction ? Tressailliraient-ils effrayés à l'idée qu'un voleur puisse s'emparer des métopes et s'empresseraient-ils d'appeler la police ? Ou bien penseraient-ils qu'il s'agit de l'énième outrage, du caprice de l'un de ces influenceurs assez riches pour s'acheter une nuit sur l'Acropole, ou encore d'une tapageuse tentative de séduction de quelqu'un qui a le bras long, et se mettraient-ils alors à prendre des photos floues et des vidéos bruyantes avec leurs téléphones pour les poster, indignés, sur les réseaux sociaux ?

Si quelqu'un me voit cette nuit, j'espère qu'il fera tout ce qui lui passera par l'esprit dans une situation aussi inédite, même un geste fou ou inconsidéré. Je suis prête à supporter tête basse le poids d'un scandale, une fouille de la police ou un jet d'œufs et de tomates.

Mais je ne pourrais pas tolérer l'indifférence. Que l'on soupçonne qu'un étranger soit une nouvelle fois en train de saccager l'Acropole et que personne ne fasse rien. Si ce n'est blâmer une nouvelle fois les Grecs, inaptes et paresseux, décidément incapables de protéger leurs trésors – qui tout compte fait nous appartiennent, à nous plus qu'à eux, comme le prétendaient les archéologues du XIXe siècle, convaincus de rendre service à la Grèce en pillant ses œuvres d'art au prétexte de les mettre à l'abri dans leurs beaux musées d'Occident.

À l'étage inférieur, où les Caryatides soutiennent un poids désormais imaginaire, le gardien écoute à la radio le compte rendu de la finale de la Ligue des champions qui a lieu en ce moment à Paris.

Dehors personne ne s'agite ni ne soupçonne quoi que ce soit.

L'Acropole est à Athènes ce que les miroirs

d'Archimède sont aux rayons du soleil, mais au lieu de concentrer ces derniers en un point unique, elle catalyse les regards de tous ceux qui passent à proximité.

Je m'aperçois, presque déçue, que personne ne me remarque derrière les vitres illuminées. Je me mets alors à agiter les bras devant l'immense baie vitrée qui donne sur Dionysiou Areopagitou, tandis que les passants défilent comme au carnaval, sans me prêter attention. Je bouge les mains, je sautille comme si j'étais en train de faire de la gymnastique ou les signaux désespérés d'un naufragé en mer. Ils vont penser que je suis folle mais peu importe. Je veux que ma présence importune cette nuit dans ce musée soit démasquée comme il se doit.

J'exige d'être vue, et je veux être ridiculisée et punie s'il le faut.

Voyons-le comme un exercice tel qu'il y en a des dizaines dans les édifices publics pour se tenir prêt en cas d'incendie ou de tremblement de terre. Une épreuve générale pour tester notre capacité à défendre le monde antique et pour entraîner nos réflexes en cas de danger imminent.

J'endosse comme toujours le rôle du voleur, mais ce n'est pas de jouer les ennemis ni les satyres qui me préoccupe cette nuit.

C'est l'idée que les témoins puissent une nouvelle fois balayer l'éventualité d'une razzia contre la Grèce comme un problème aussi suranné que ces pierres :

Peu importe, tant qu'à faire, nous irons les voir à Londres.

*

Non contente d'avoir en poche la biographie du pilleur d'œuvres d'art le plus célèbre de l'histoire, j'ai aussi en tête *L'Adversaire* d'Emmanuel Carrère qui pulse dans mes tempes comme une migraine.

Je n'ose même pas imaginer ce qu'en penserait le directeur du musée, loin de se douter qu'il a confié toute une nuit les marbres de Phidias à quelqu'un qui se délecte des histoires d'un voleur et d'un assassin.

Entre excitation et appréhension, j'ai relu *L'Adversaire* dans l'avion qui m'a conduite à Athènes. Carrère définit ainsi son attitude morale envers le Jean-Claude Romand de son roman condamné pour le meurtre de ses parents, de sa femme et de ses deux enfants : « Je l'ai tout de suite caressé dans le sens du poil en adoptant cette gravité compassée et compassionnelle et en le voyant non comme quelqu'un qui a fait quelque chose d'épouvantable, mais comme quelqu'un à qui quelque chose d'épouvantable est arrivé[1]. »

Je ne peux m'empêcher de ressentir exactement la même chose pour Thomas Bruce, septième comte d'Elgin, onzième comte du Kincardineshire, nommé

1. Emmanuel Carrère, *L'Adversaire*, Gallimard, « Folio », 2001, p. 41.

en novembre 1798 ambassadeur extraordinaire et ministre plénipotentiaire de Sa Majesté britannique auprès de la Sublime Porte de Sélim III, sultan de Turquie. Dans l'histoire des marbres du Parthénon et de la conscience philhellène en général, l'Adversaire, c'est lui.

J'ai tout de suite caressé l'histoire d'Elgin *dans le sens du poil*.

Pour des raisons qui m'échappent en partie et causent à présent en moi un douloureux sentiment de culpabilité, il m'a été dès le début impossible de condamner entièrement l'homme qui s'empara des marbres du Parthénon. C'est là ma plus grande source d'embarras, ma honte, à présent sous le regard de l'Acropole : je ne parviens pas à blâmer celui que tout homme ou femme ayant à cœur la Grèce, ou tout simplement le sens de l'honneur, blâment avec raison.

Depuis deux cents ans les Grecs réclament la juste restitution de leurs marbres ; et moi, devant ces marbres mutilés, je ressens de la compassion à l'égard de leur bourreau.

Elgin ne fut pas un homicide, il ne se rendit pas coupable de meurtre d'êtres humains ; mais il fut l'assassin de l'intégrité du Parthénon et de l'idée même de la Grèce, mise en pièces, entassée dans des caisses en bois et emportée ailleurs, loin des Grecs qui avaient su lui donner le jour.

Alors que les semaines et les jours me séparant de mon rendez-vous avec le musée de l'Acropole passaient rapidement, j'avais développé une sorte de curiosité maladive pour le plus grand ennemi des marbres du Parthénon. Presque un sentiment de pitié complaisante, parfois amusée, à l'égard de celui que lord Byron appelait un « pitoyable antiquaire[1] », coupable d'avoir rendu Athènes « aussi méprisable que lui-même et ses misérables agents ». J'ignore si ma fascination est une réaction à cette ambiguïté entre bien et mal, entre victime et bourreau, qui conduit souvent une partie de l'opinion publique à éprouver de la sympathie pour les assassins les plus cruels. Et pourtant, avant de m'engager dans l'histoire d'Elgin, entre blanc et noir, entre tort et raison, je n'avais jamais hésité sur le parti à prendre ; j'ai souvent mis un point d'honneur à manifester ma solidarité avec les victimes et les opprimés et n'ai jamais ressenti la moindre attraction pour la noirceur, même dans les romans. Je me suis toujours interrogée avec perplexité sur le destin de ces femmes qui, à l'extérieur de la prison, citoyennes libres du monde des justes, nouent des relations épistolaires avec des criminels violents condamnés à la perpétuité, allant parfois jusqu'à les

1. Lord Byron, *Le Pèlerinage de Childe Harold*, chant II, note 2, in *Œuvres complètes*, avec notes et commentaires, comprenant ses mémoires publiés par Thomas Moore, trad. Paulin Paris, Paris, Dondey-Dupré, 1830-1831, t. 3, p. 99.

épouser derrière les barreaux. Et puis j'ai découvert l'histoire de lord Elgin et je suis devenue l'une de ces femmes. J'ai même parfois la terrible impression que c'est pour lui que j'écris ce livre. Qui n'est ni une déclaration d'amour ni une approbation de son pillage, mais un interrogatoire d'égal à égal.

Si j'écris, si je suis seule cette nuit devant les marbres du Parthénon avec la biographie d'Elgin entre les mains, c'est pour contraindre leur pillard à les retrouver deux cents ans après son délit et à affronter pleinement leur présence, mais surtout le vide de leur absence – têtes amputées, pieds arrachés, cortèges brisés et frises défigurées comme s'ils avaient subi des tortures médiévales.

Parce que l'histoire de son vol représente et résume le vol que nous tous Occidentaux avons perpétré durant vingt-trois siècles au détriment de la Grèce. Nous avons, à l'égard du monde antique, toujours appliqué une logique d'extraction : comme on extrait un bloc de marbre du cœur de la montagne, une statue du sol aride de Samothrace, ou comme on arrache l'enfant au ventre de sa mère.

J'invite ainsi tout le monde à cette inquisition nocturne au musée de l'Acropole.

Que celui qui n'a jamais rien pris à la Grèce, pas même une idée, jette la première pierre à lord Elgin.

Froid est le cœur qui se penche sur toi, ô Grèce,
Sans être saisi par ce qu'éprouve l'amant
Sur les cendres de l'aimée. Opaques sont les yeux
Qui ne pleurent pas devant tes murs délabrés,
Tes autels pillés par les Anglais.

Lord BYRON,
Le Pèlerinage de Childe Harold[1]

Mon cœur doit être froid et mes yeux opaques, comme le déplorait lord Byron dans *Le Pèlerinage de Childe Harold*, pour que je m'obstine ainsi à vouloir comprendre. À vouloir imaginer. Parce que, si pardonner est impossible, je pourrais au moins tenter de comprendre.

1. Lord Byron, *Le Pèlerinage de Childe Harold*, chant II, XV, préfacé et annoté par l'auteur, adaptation en français et note du traducteur par Jean Pavans, présentation de Franck Delorieux, Éditions Manifeste, « Les Lettres françaises », 2022, p. 147.

Au commencement de cette histoire, il y a un homme politique ambitieux à la santé fragile, une *gentilhommière** de la campagne anglaise, une jeune et belle épouse au caractère joyeux et ambitieux. Avec, en toile de fond, Napoléon et Nelson.

En novembre 1798, lord Elgin était âgé de trente-deux ans et s'était déjà distingué dans les trois domaines prévus par le cursus d'un aristocrate anglais : l'armée, la politique et la diplomatie. Le jeune Elgin était cependant tourmenté par des rhumatismes et contraint d'alterner l'humidité du climat continental avec de longs séjours en cure thermale : le climat doux et sec de la Méditerranée fut l'une des principales raisons qui le poussèrent à accepter la délicate mission diplomatique en Orient, une région dont il n'avait aucune expérience.

L'idée de partir pour Constantinople en qualité de ministre plénipotentiaire n'était pas d'Elgin, mais du roi d'Angleterre en personne, préoccupé par le cours de la campagne d'Égypte menée à la même époque par Napoléon.

L'arrivée de Bonaparte en Égypte entraîna la déclaration de guerre de la Turquie contre la France, un scénario que l'Angleterre entendait mettre à profit compte tenu de l'éternelle rivalité entre les deux puissances européennes. Tel était le délicat objectif confié au nouvel ambassadeur de Sa Majesté à Constantinople qui, afin de préparer sa mission, jugea bon de se munir avant tout d'une épouse, afin d'éviter qu'à trente ans passés le célibat ne fasse tache sur son impeccable carrière diplomatique.

Au bout de quelques semaines, son choix se porta sur Mary Nisbet de Dirleton, une jeune fille de bonne famille à l'avenir prometteur ainsi que son patrimoine. Après le mariage, le nouveau couple, que l'on disait très amoureux – *Eggy* et *Poll* s'appelaient-ils affectueusement –, s'apprêtait donc à partir pour Constantinople, qui semblait alors plus exotique et lointaine que jamais, non sans avoir auparavant confié à un architecte la tâche de rénover le petit château de la famille Elgin situé à l'estuaire du fleuve Forth, afin de mieux l'adapter au sérieux d'une vie de famille qu'aux licences d'un célibataire.

« Lorsque vous serez en Orient, n'oubliez pas de passer par Athènes pour voir de vous-même les ruines antiques », voilà à peu près ce que dit Thomas Harrison, l'architecte néoclassique chargé des travaux de la demeure. Il est fort probable qu'Elgin n'avait même pas envisagé de poser le pied à Athènes.

Combien de mots, combien de gestes anodins sommes-nous capables de produire chaque jour : *Quelle chaleur, quelle circulation ! Passe acheter du pain avant de rentrer*. Des phrases en apparence banales, inoffensives, attendues, et pourtant susceptibles de changer à jamais le cours d'une existence.

L'importance de chaque chose se révèle toujours plus tard, la vie ne se comprend qu'en différé.

Dans le cas d'Elgin, ce fut peut-être cette remarque insignifiante de la part de son architecte, jetée entre un mur à démolir et un papier peint à poser, qui changea son destin à jamais. Il ne s'en aperçut pas tout de suite, naturellement, il se contenta de noter la proposition d'une excursion à Athènes sur la liste des mille autres tâches à effectuer une fois de l'autre côté de la Méditerranée, négligemment, comme on fait mine de retenir l'adresse d'un restaurant conseillé avec insistance par un ami.

Qui sait si Elgin repensa plus tard à ce moment, s'il se repentit amèrement d'avoir échangé des politesses avec Harrison cet après-midi-là. S'il en vint à regretter de l'avoir rencontré.

Et surtout, reconnut-il jamais dans cette banale suggestion l'épicentre de tout ce qui s'ensuivrait ? l'épicentre de sa ruine et de celle du Parthénon ?

Parce que ce fut précisément cette remarque d'apparence si inoffensive, prononcée dans la brume de la campagne anglaise, qui fut le point de départ de la malédiction de Minerve.

À cette époque, et depuis plusieurs siècles (depuis 1453, année de la chute de Constantinople et de l'Empire romain d'Orient avec elle), la Grèce était soumise à la domination turque et, par conséquent, exclue de l'histoire européenne.

L'idée selon laquelle les plus beaux vestiges de l'architecture antique se trouvaient à Athènes et non à Rome, comme on le croyait pendant la Renaissance, n'avait été acceptée que depuis peu. Les trésors athéniens étaient connus des spécialistes grâce aux dessins scrupuleusement exécutés par des archéologues-aventuriers qui, aux XVIIe et XVIIIe siècles avaient eu le courage de se rendre en Grèce, située alors, géographiquement mais surtout politiquement, de l'autre côté du monde. Le véritable visage de l'art antique était cependant méconnu du grand public européen qui, dans son ignorance, avait du mal à concevoir la majesté de l'Acropole ou la perfection des statues de Praxitèle et de Polyclète.

L'imagination d'Elgin, elle, se mit aussitôt en marche. Il voyait déjà l'évolution esthétique de l'Angleterre dépendre de son action en Grèce, les arts anglais surpasseraient tous les autres en Europe grâce à des régiments d'artistes au service de la Couronne parmi les plus géniaux que l'Histoire ait jamais connus. Son projet initial n'était pas d'ordre économique, il n'envisageait pas de s'enrichir en Grèce : ce qu'Elgin voulait emporter d'Athènes était un idéal esthétique méconnu en Angleterre et qui lui aurait un jour garanti la reconnaissance et la générosité de la famille royale.

Il se lança donc avec enthousiasme et naïveté dans le noble projet de faire de la Grèce le modèle absolu de l'art anglais, et décida d'emmener avec lui à Constantinople une délégation d'artistes et d'archéologues comme l'avait fait Napoléon en Égypte.

Pendant des mois, la possibilité de partir en Grèce avec la mission Elgin fut l'un des sujets de discussion favoris au sein de l'Académie royale des beaux-arts. Mais, comme c'est désormais coutumier lorsqu'il s'agit de culture, la Couronne n'alloua pas de budget suffisant. Il paraît que même le célèbre peintre William Turner en caressa l'idée, mais renonça bien vite par manque de fonds (le gouvernement britannique accorda en revanche à la mission d'Elgin la présence d'un philologue, car à l'époque la chasse aux manuscrits perdus était le mirage de tout Occidental, persuadé de pouvoir tomber sur une œuvre inédite de Platon ou d'Aristote dans un quelconque monastère d'Orient).

« Alors je paierai de ma poche. » Qu'est-ce qu'un peu d'argent, dut se dire Elgin face au refus de la Couronne, en regard d'une opération d'une telle importance, de laquelle dépendait la vie ou la mort du goût esthétique des Anglais ? Il décida alors d'agir de manière indépendante en puisant dans les fonds de sa noble famille pour engager au moins un peintre et une équipe d'ouvriers une fois arrivé en Grèce.

L'indifférence du gouvernement britannique envers les marbres d'Athènes fut un signe néfaste que l'ambassadeur ne sut pas interpréter, le prélude à un autre malheur auquel devait le condamner plus tard la Grèce : la ruine financière.

En septembre 1799, une fois les préparatifs terminés et le personnel nécessaire embauché, lord Elgin, en compagnie de sa femme Mary enceinte de leur premier enfant, laissa derrière lui le quai de Portsmouth à destination de Constantinople.

Moi qui vois des signes partout, je me demande à présent ce qu'Elgin connaissait de la mythologie grecque. Pas grand-chose, je crois, puisqu'il accepta sans protester d'embarquer sur un navire militaire portant le nom de Phaéton, le malheureux fils du Soleil qui causa tant de mal à la terre avec sa maladresse puérile.

Le mythe raconte que lorsque le dieu, encore enfant, tenta de conduire le char du Soleil, il en perdit aussitôt le contrôle, incendiant les régions infortunées qu'il parcourut dans son errance enflammée avant d'être foudroyé par Zeus. Une histoire de dévastation, de larmes et de ruines : on dit que les sœurs de Phaéton pleurèrent tant sa mort qu'elles se transformèrent en peupliers dont les inflorescences blanches impalpables, semblables à des plumes mais extrêmement inflammables, sont appelées encore aujourd'hui en Italie du Nord les « larmes d'avril ».

Selon le mythe, la course éperdue de Phaéton laissa, de son voyage destructeur à travers le ciel, le feu d'artifice de la Voie lactée née des étincelles provoquées par les incendies.

« Eggy », à bord d'un navire portant le même nom

que le demi-dieu grec, s'apprêtait quant à lui à entreprendre un voyage en mer qui laisserait dans son sillage des éclats blancs de marbre pentélique et les larmes de la Grèce tout entière.

Je suis la fille d'un homme qui n'avait pas fait d'études. Ni de grec ancien ni de latin : mon père n'avait rien étudié.

Il ne parlait même pas correctement l'italien : il a toujours parlé vénitien, le dialecte de sa région natale ; il lui avait juré fidélité pendant soixante-seize ans sans jamais céder à la honte d'être presque analphabète.

Je suis la fille d'un homme qui se rendait à pied à l'école élémentaire avec des chaussures clouées à semelles de bois, comme il me le racontait en souriant de ma mine incrédule. « Je suis né avec des *sgalmare* aux pieds », me disait-il en parlant de ces galoches qu'il portait enfant, avec l'orgueil de ceux qui ont réussi dans la vie. Si j'écris aujourd'hui ce mot de dialecte dans un livre sur l'Antiquité, c'est pour lui rendre hommage. Et pour lui demander pardon, aussi : il a eu une fille qui connaît le grec ancien d'Homère et de Platon, mais qui a toujours refusé d'apprendre le dialecte fruste de son père.

Il est né et a grandi dans la campagne aux environs de Vicence, au pied du mont Asiago, dans une poignée de maisons en béton, jetées là comme on jette une aumône. « Le centre du monde », me disait-il aussi fier que s'il était né à Manhattan ou à Saint-Germain-des-Prés. Je me suis moquée de lui pendant des années à cause de cette absurdité, avec la cruauté des enfants qui refusent de croire ce que leur disent leurs parents.

Aujourd'hui des travailleurs agricoles africains habitent dans la maison où il est né, mais le panneau « le centre du monde » est toujours là, sous le nom de son village, Giavenale. Je m'étais promis d'écrire au maire pour lui demander l'origine de cette prétention à être l'épicentre de la planète, s'il y avait des raisons géographiques qui m'échappent, un méridien crucial comme celui de Greenwich à Londres qui passe au milieu des champs d'aubergines et de courges, ou bien si c'était une blague du fou du village que tous avaient trouvée si ridicule qu'elle ne pouvait qu'être vraie.

Finalement je n'ai jamais écrit, peut-être que je préfère ne pas savoir. Pour ne pas être déçue. Giavenale n'est peut-être pas le centre du monde, mais mon père était le centre du mien.

Ma grand-mère élevait à la maison des vers à soie qu'elle glissait sous ses jupes l'hiver pour qu'ils ne prennent pas froid. Mon grand-père était bouvier, un mot qui désigne à la fois un métier qui consiste à surveiller les vaches et le chien de berger qui l'exerce habituellement : c'était pourtant bel et bien mon grand-père qui, comme un chien, dormait la nuit dans l'étable pour que les bœufs ne s'échappent pas.

La légende familiale – j'utilise ce terme parce que j'ai peine à croire que telle fut l'enfance de mon propre père, cette misère me semble si éloignée du confort dans lequel j'ai grandi que j'ai l'impression qu'elle ne me concerne pas – comprend aussi un frère berger et une tante qui avait remplacé sa jambe perdue, emportée par un coup de faux, par un manche à balai en bois. Il y avait aussi le cochon élevé à la maison, dans la cour, les Noëls avec une clémentine pour toute réjouissance, les étés passés à vendre des fruits et légumes sur les marchés de la région à l'âge de neuf ans.

Je ne parle pas que de mon père : c'est toute une génération de l'Italie d'après-guerre qui se rendait à l'école primaire sans véritables chaussures aux pieds.

Il y a bien des années, j'avais vu dans un élégant festival de cinéma *L'Arbre aux sabots* d'Ermanno Olmi, Palme d'or en 1978. J'avais pleuré, dévastée par la pauvreté extrême des personnages, épuisés par leurs efforts pour survivre dans une ferme lombarde à la fin du XIXe siècle. « Papa, tu viens de l'arbre aux sabots », lui avais-je dit, bouleversée, comme pour lui montrer que j'avais enfin compris.

Cette expression, l'arbre aux sabots, a longtemps

fait partie de notre vocabulaire intime, celui de la langue que nous étions les seuls à parler et qui est morte avec lui.

Deux générations plus tard, la fille et petite-fille de ces gens, forte de ses hautes études et de son écriture sophistiquée, est en train de jouir du privilège inédit d'une nuit seule au musée de l'Acropole.

Elle a su remplacer les larves et les bœufs de ses grands-parents par les marbres de Phidias.

Elle a su choisir le véritable centre du monde, Athènes, au lieu d'un modeste village de Vénétie convaincu d'être le cœur oublié de la planète.

Ayant ôté ses chaussures par choix et par impudeur, elle a sous ses pieds nus les Caryatides, dont la sépare un sol de verre transparent, et non les cailloux pointus d'un chemin menant aux champs.

Il m'a fallu des années pour l'admettre, pour ne pas les offenser avec ma honte de classe : ces gens, avec leur misère, sont ma famille.

*

« Profitable au progrès des Beaux-Arts en Grande-Bretagne. » « Servir le progrès du goût de l'Angleterre. » Améliorer « les conditions qui favorisent le développement de la littérature et des arts », écrivait avec conviction lord Elgin pour expliquer le but de sa mission en Orient.

Au début il ne s'agissait donc ni de piller ni de prendre quoi que ce soit à la Grèce, pas la moindre pierre, comme celle que, sur la plage, nous glissons tous dans notre poche avec un coquillage en guise de souvenir (comme celle qu'arracha au Parthénon Chateaubriand, l'un des détracteurs les plus acharnés d'Elgin) : les intentions de l'ambassadeur anglais étaient purement artistiques et se limitaient à des dessins et des moulages à envoyer aux directeurs des musées et des écoles d'art anglais. Il n'a jamais été question de se livrer à des fouilles ni de dérober quoi que ce soit si l'on s'en tient à la lecture des documents officiels concernant la mission de lord Elgin à Constantinople.

Je crois que le but de mon père était identique, naïf et tout aussi visionnaire : améliorer et faire progresser, en partant de zéro, le destin culturel et le pouvoir intellectuel de sa famille. Cet homme qui n'avait jamais lu un livre de sa vie, pas même les miens lorsque je me suis mis en tête d'en écrire, et ne possédait rien, voulait que sa fille possède un goût littéraire supérieur au sien.

« Étudie », me répétait-il toujours dès que j'ai été en âge de comprendre. Il voulait non seulement que sa fille parle correctement l'italien, et non son dialecte ridicule, mais aussi bien d'autres langues ; si cela avait été possible, il aurait souhaité que j'apprenne toutes les langues parlées sur Terre depuis la chute de la tour de Babel.

Il appelait le grec ancien, dont il ne comprenait pas l'alphabet, « la langue écrite de manière bizarre, comme les hiéroglyphes ». Et ce fut pourtant mon père qui insista pour que je choisisse le lycée dit « classique » en Italie et que j'étudie dès mon jeune âge les langues anciennes, dans un monde qui diffusait le poison de l'utilité comme unique critère d'enseignement.

Il n'a jamais compris ce que je faisais, ce que j'écrivais. Les longs après-midi passés dans ma chambre à étudier l'inquiétaient, lui qui ne s'était jamais assis derrière un bureau ; les professeurs l'intimidaient, il préférait ne pas les rencontrer.

Il a toujours été fier de mon parcours scolaire, qu'il faisait mine de comprendre, avec cet orgueil inébranlable des ignorants, capables de prendre pour chef-d'œuvre tout ce qu'ils ne connaissent pas.

« Tu as fait des études supérieures », me disait-il souvent d'un ton résigné, lorsque je me moquais de lui en lui rappelant lourdement que j'étais bien plus instruite que lui, le fils d'un bouvier.

Devant moi, un fragment du fronton ouest du Parthénon me fait rougir d'avoir été cette fille pédante et superficielle : c'est la statue décapitée de Pandrose, déesse de la rosée, qui serre dans ses bras son vieux père Cécrops, le premier roi d'Athènes.

Comme je voudrais avoir la chance de faire encore une fois ce geste.

Cette nuit mes bras ne servent plus qu'à étreindre mes regrets.

Et pourtant je sais que si je suis là aujourd'hui, orpheline prosternée devant l'Acropole, je le dois entièrement à mon père.

*

Ils avaient beau avoir eu Shakespeare, Swift et Defoe, les Anglais du XIXe siècle avaient le sentiment d'être rustres face à la Grèce antique.

Je suis certainement la plus rustre d'entre tous, mais je ne crois pas qu'il y ait un seul humain né après le siècle d'or athénien de Périclès qui ne se soit senti mal dégrossi face à l'Antiquité.

L'effet que la Grèce antique provoque toujours, jusque sur les Grecs d'aujourd'hui, ressemble plus à celui de la lune que du soleil ; une inquiétude indéfinissable, comme lorsque nous cherchons quelque chose qui nous manque avec la certitude que nous ne le trouverons jamais.

Le malheur qui naît de la grandeur de la Grèce antique : impossible à oublier, impossible à dépasser.

Voilà plus de vingt-trois siècles que ce syndrome du dernier de la classe nous afflige, depuis l'époque où le Macédonien Alexandre le Grand suivait les leçons du Grec Aristote. Et même lorsque la connaissance du grec ancien se perdit au cours des longs siècles du Moyen Âge, on ne cessa pas de considérer l'art et la littérature grecs comme le summum du savoir atteint par l'espèce humaine. Un savoir digne d'être transmis à la main grâce à la persévérance et à la patience de régiments de moines.

Impossible de ne pas nous sentir incapables et déficients face à l'immensité de l'Antiquité, à la fois miroir et aimant de notre imperfection.

De la Renaissance au baroque, nous nous étions au moins contentés de copier la Grèce, tel l'élève borné et paresseux qui, pendant les devoirs sur table, espère échapper à sa propre médiocrité en copiant sur le premier de la classe.

Le XIXe siècle d'Elgin, de Fauvel, de Choiseul-Gouffier et de tous ceux qui rentrèrent en Europe occidentale avec un morceau de Grèce en poche marqua une étape irréversible dans l'histoire de notre complexe d'infériorité face à l'Antiquité classique : le faussaire se fit soudain voleur.

Il ne suffisait plus d'envoyer à Athènes en excursion pédagogique ou en stage de formation les héritiers les plus riches et les esprits les plus brillants, comme on avait commencé à le faire au XVIIIe siècle selon une coutume empruntée aux antiques Romains : pour faire progresser le goût esthétique et l'esprit de l'Europe, il fallait désormais emporter l'idée même de Grèce comme si elle nous appartenait. Comme Hélène de Sparte emmenée à Troie, ou les marbres d'Elgin à Londres.

L'étudiant ignorant prit alors la pose du professeur arrogant.

Recroquevillée dans un coin, sur le sol froid du musée, j'ai l'impression de comprendre comment devait se sentir le premier homme chassé du jardin d'Éden.

La tête me tourne presque sous l'intensité de ce que je ressens. Je crois sentir dans leur matérialité physique les corps qui ont, jour après jour, sculpté ces marbres ; leurs bras musclés qui se sont abattus avec force sur la pierre délicate, leurs grandes mains qui tenaient le ciseau, la sueur distillée goutte à goutte par le soleil grec, et tombée dans les pores du marbre qui se trouve devant moi.

Face à une œuvre d'art, que ce soit à Athènes, au Louvre ou au musée des Offices, il m'arrive souvent de penser au mortel qui l'a réalisée, à tout le dévouement, le soin et la banalité aussi, requis pour écrire, peindre, sculpter.

Pour vivre.

Je ressens profondément dans la plume, le pinceau et le ciseau la condition de mortel de ceux qui les ont tenus entre leurs doigts. Je regrette alors mon manque de foi.

Cette nuit, plus que les corps disparus, ce sont les âmes de ceux qui ont hissé à tout jamais l'Acropole sur la cime du monde qui me tourmentent.

Nulle part ailleurs dans le monde on ne renoncera aussi facilement, aussi sereinement à la réalité pour le rêve. En Grèce le merveilleux surgit toujours, tel un miracle, de la nécessité du mythe.

Le premier marbre entré dans la collection Elgin semble obéir aux lois du destin. Ou à la première page du manuel de littérature grecque.

Car l'ambassadeur n'avait pas encore posé le pied sur la terre sacrée de l'Hellade que déjà l'Antiquité, dans toute son immensité, surgissait devant lui pour le convier à un rendez-vous avec Homère.

Elgin était encore à bord du *Phaéton*, cap sur la Turquie, lorsque le hasard le conduisit – tenez-vous bien – à Troie.

Une fois parvenus au détroit des Dardanelles, les époux Elgin furent invités à bord du *Sultan-Sélim*, le navire amiral de la flotte turque sur lequel voyageait le pacha : ce premier contact avec le faste et la prodigalité des Turcs les laissa littéralement bouche bée. Les cabines du navire chatoyaient d'or et de soie, des sabres incrustés de diamants et de rubis ornaient les murs en guise de tableaux. Le dîner fut servi dans un service en porcelaine de Dresde et le café dans des tasses en diamant scintillant de mille feux sous la lumière de délicates lampes japonaises. Après le dîner vinrent les cadeaux : Elgin reçut vingt-cinq moutons et six bœufs, sans compter l'or, les diamants, les émeraudes et les mètres d'étoffes précieuses.

Ils se remirent en route, encore éblouis par cet avant-goût des coutumes turques ; l'ambassadeur anglais fut cependant contraint de faire une halte sur l'île de Ténédos (Bozcaada en turc) à cause de vents contraires. Les voyageurs anglais décidèrent alors de profiter de cette escale forcée pour explorer la plaine de Troie, l'*Iliade* à la main.

Lady Elgin décrit l'incroyable journée chez Hector et Priam dans une lettre à sa mère, avant de se plaindre de l'inconfort du long voyage :

« Nous avons pris des guides et nous voilà en route vers le site présumé de l'ancienne Troie ; nous avons fait dix miles à travers la plaine, vu des chameaux qui broutaient et sommes arrivés à un endroit romantique où on nous a montré les ruines de l'enceinte extérieure. Et, pour des ruines, ce sont bien des ruines, car il n'en reste pas pierre sur pierre, mais il est visible qu'il y a eu là un grand nombre d'édifices. Les lettrés avaient pris leur Homère avec eux ; en examinant les lieux ils sont tombés d'accord que selon toute apparence c'était bien l'endroit. »

Ce fut précisément au cours de cette expédition à Troie avec Homère pour guide touristique qu'Elgin vit deux monuments antiques bien connus des premiers archéologues-explorateurs du XVIIIe siècle, que nombre d'entre eux avaient déjà tenté de dérober pour les emporter en Europe, sans jamais y parvenir. Il s'agissait de deux plaques de marbre, l'une ornée d'un bas-relief représentant des mères avec leurs enfants et l'autre portant une inscription grecque très ancienne écrite de droite à gauche puis de gauche à droite (on appelle *boustrophédon* ce type d'écriture « en ruban », semblable au mouvement des bœufs traçant des sillons dans un champ).

Les raisons qui avaient toujours poussé les habitants de ce village reculé de Turquie à refuser de vendre les marbres aux différents voyageurs anglais et français disposés à les acheter à prix d'or n'avaient rien à voir avec la valeur artistique des objets : selon l'une de ces fusions spectaculaires entre paganisme et christianisme dont la Grèce a le secret, avec le soleil pour ingrédient de l'enivrant cocktail du sortilège hellène, les prêtres de l'église du village expliquèrent à Elgin que ces deux pierres étaient un remède infaillible contre tous les maux, du corps comme de la terre.

L'ambassadeur anglais écouta très probablement

les explications des moines avec placidité, comme on fait mine aujourd'hui d'écouter ceux qui mettent en doute les principes fondamentaux de la science ou de la démocratie. Pour réclamer aussitôt avec une égale fermeté la propriété des deux plaques, ce que le pacha accorda de bon gré : un souverain qui offre des diamants à ses hôtes ne peut certes pas leur refuser quelques fragments de marbre ébréché qui n'ont de valeur qu'aux yeux des Grecs superstitieux et infidèles.

Quelques jours plus tard, les deux plaques furent arrachées au village où elles avaient été vénérées pendant des millénaires et fourrées dans la cale d'un navire à destination de Londres, sous les larmes des habitants et les malédictions des moines. Lesquelles furent suivies d'effet, à ce qu'il semble, puisque le navire fit naufrage juste à l'embouchure de la Tamise, aux portes de Londres, et son chargement fut perdu à jamais.

L'histoire de la collection de lord Elgin commença ainsi, avec un naufrage et un anathème sur la plaine de Troie. La mer décida d'engloutir ce qui avait été injustement dérobé à la Grèce.

Cependant ce premier châtiment homérique n'était rien en comparaison de la malédiction de Minerve qui, patiente comme sait l'être le malheur, attendait l'ambassadeur une fois à Athènes.

*

Elgin et son épouse arrivèrent à Constantinople en novembre 1799, deux mois après avoir quitté le port de Portsmouth. L'accueil que leur avaient réservé les fonctionnaires du Grand Vizir fut si grandiose qu'en comparaison les cadeaux reçus par le pacha aux Dardanelles n'étaient qu'un aperçu de la munificence turque dont ils devaient bénéficier les années suivantes : pendant presque deux semaines Elgin fut couvert de cadeaux de bienvenue par des officiels de tous corps et grades militaires, et fut promené à travers les rues étroites de Constantinople sur des chars dorés, escortés par des dizaines de serviteurs. Mais ce n'était encore qu'un prélude : la véritable cérémonie d'installation devait se dérouler au palais du sultan, où l'on servit un dîner de trente-six mets dans des plats en argent pour plusieurs centaines de convives. En tant que femme, lady Elgin n'était pas admise à la cour du sultan, mais la jeune épouse n'avait aucune intention de rater le clou du spectacle de ce monde, à ses yeux une sorte de pays de Cocagne tapissé d'or et de diamants : elle se fit alors inscrire sur la liste des invités sous le nom de lord Bruce et se présenta au dîner déguisée en jeune homme.

La situation internationale, qui faisait de l'Angleterre le nouvel allié de la Turquie contre la menace représentée par Bonaparte, garantissait à la délégation d'Elgin un traitement digne des *Mille et Une Nuits* : les Anglais ne cessaient de s'émerveiller du luxe et des attentions dont ils étaient entourés à la cour du sultan. De son côté, Napoléon, dans sa correspondance, qualifiait Elgin d'« un des plus grands ennemis de la nation » ; si la haine d'un grand personnage historique peut avoir des airs de compliment, l'ambassadeur anglais n'aurait pas ce privilège ; il paierait au prix fort le mépris de l'empereur à son égard.

De l'autre côté de la mer Égée, les artistes engagés par Elgin arrivèrent à Athènes au cours de l'été 1800, avec pour mission d'entreprendre les travaux dont dépendait l'avenir du goût artistique de la Grande-Bretagne.

À la tête du chantier se trouvait un peintre italien, Giovanni Battista Lusieri, assez connu et apprécié à l'époque, qui avait été auparavant chargé par le roi de Naples de réaliser les dessins des monuments antiques de Sicile et de Grande-Grèce. Elgin avait fait sa connaissance lors d'une escale à Taormine, au cours de la longue traversée du *Phaéton* vers Constantinople, et l'avait aussitôt engagé. Le contrat devait initialement durer le temps de la mission : tous deux ignoraient qu'il se prolongerait au-delà de vingt ans en vertu d'une amitié sincère, peut-être le seul lien fidèle jamais noué par Elgin au nom de la Grèce.

Athènes était alors une ville de la périphérie de l'Europe, sale et pauvre, ayant perdu tout souvenir de sa grandeur passée et livrée à l'injure du temps et de ses habitants.

Elle comptait mille trois cents maisons tout au plus, occupées par une population pauvre venue de toutes les régions de l'Empire ottoman : à l'époque, seule la moitié des habitants d'Athènes était grecque, un quart était turque, et le reste était composé de familles balkaniques, juives, italiennes, nord-africaines.

La ville était dirigée par deux fonctionnaires aux ordres du sultan de Constantinople : le voïvode, qui exerçait le rôle de gouverneur, et le disdar, qui était préfet militaire. Leur pouvoir, bien que humiliant aux yeux des Grecs, n'était pas tyrannique et les différentes nationalités vivaient ensemble en paix, se mélangeant fréquemment lors de mariages mixtes.

L'Acropole ne conservait de l'époque classique que son nom : au cours des siècles, la garnison turque l'avait transformée en une sorte de bidonville insalubre dont les masures étaient balayées à chaque tempête.

Le contraste entre les superbes monuments antiques et la misère d'Athènes à l'époque devait être saisissant : au beau milieu des taudis se dressaient en leur superbe le Parthénon, l'Érechthéion, les Propylées et, dans la ville basse, le temple d'Héphaïstos. Cachés et abandonnés, les vestiges d'édifices plus récents comme la tour des Vents, le monument de Lysicrate et quelques colonnes gigantesques de l'antique temple de Zeus résistaient encore au temps et à l'oubli.

Les édifices antiques étant les seules constructions solides, on leur avait bien vite attribué de nouvelles fonctions, sans aucun scrupule archéologique ni le moindre sentiment de culpabilité : l'Érechthéion avait été transformé en poudrière, le temple d'Héphaïstos en église, la tour des Vents était devenue le quartier général des derviches et le Parthénon une mosquée pourvue de canons destinés à intimider les ennemis.

Les Turcs vivaient parmi les ruines antiques sans leur accorder de considération, cultivant leurs jardins entre les stèles. Les monuments les plus anciens servaient de matériau à recycler dans toutes sortes de constructions et des sculptures antiques étaient placées sur les toits des maisons modernes en guise de talismans d'un temps révolu.

Le plus étonnant, ce n'est pas tant qu'il y a deux siècles à peine des chèvres paissaient tranquillement entre les détritus et les barils de poudre devant le Parthénon. Le plus surprenant, c'est qu'après deux mille cinq cents ans et une histoire de négligence et d'oubli mêlés, le Parthénon soit encore debout aujourd'hui, presque aussi parfait qu'au jour où Phidias déposa son ciseau.

Ce soir, peu après mon arrivée, en attendant la relève des gardiens de nuit, j'ai voulu regarder la courte vidéo que le musée de l'Acropole propose en boucle aux visiteurs avant de se confronter à ce qui reste à Athènes des marbres de Phidias. Au fil des ans, je crois l'avoir vue au moins une douzaine de fois, au point de connaître pour ainsi dire par cœur le commentaire anglais de la reconstitution en images de la profanation du temple commise au cours des siècles.

À chaque fois je ressens le même désarroi, le même sentiment de violence, de viol, presque, perpétré contre l'Antiquité. Avec le temps le Parthénon n'a pas seulement perdu les couleurs des colonnes du temple d'Athéna – rouges et bleues à l'origine, et non d'une blancheur altière comme nous avons coutume de nous les représenter aujourd'hui – mais surtout l'idée de sa nécessaire transmission à la postérité.

Romains et Byzantins avaient privé Athènes de ses statues, les Wisigoths d'Alaric avaient saccagé la ville dans ses moindres recoins, mais personne à l'époque antique n'avait jamais osé ne fût-ce qu'effleurer les édifices de l'Acropole. Le premier coup de fouet et de pic fut porté au Ve siècle après J.-C., mille ans après le travail de Phidias, avec l'avènement du christianisme qui obligea le Parthénon à se plier à la nouvelle religion et à devenir une église : le côté est fut éventré pour laisser place à une abside et des fenêtres furent percées sur les côtés les plus longs.

Bien qu'un grand nombre de sculptures furent mutilées et détruites sous la poussée de l'iconoclasme, pendant presque mille ans le Parthénon ne subit plus aucune transformation significative. Comme par miracle, Byzantins, Francs, Catalans, Florentins et Vénitiens passèrent par Athènes sans toucher l'Acropole, jusqu'à l'occupation ottomane de la Grèce. En effet, au XIVe siècle les Turcs convertirent l'église insérée dans le Parthénon en mosquée avec croissants et minarets, tandis que l'Érechthéion devint le harem du gouverneur militaire, peut-être précisément à cause de la résonance féminine des Caryatides.

Le coup le plus dur dans l'histoire du Parthénon avant l'arrivée d'Elgin fut assené par Venise : en 1687, le général vénitien Morosini assiégea l'Acropole et n'hésita pas à tirer quelques coups de canon contre le Parthénon alors remployé par les Turcs comme poudrière. L'édifice explosa dans les airs comme une boîte d'allumettes, le toit d'origine vola en éclats, la plupart des sculptures furent endommagées et de profondes fissures s'ouvrirent le long de la colonnade.

Morosini fut d'ailleurs le premier à vouloir emporter chez lui, à Venise, les sculptures du Parthénon en guise de souvenirs de guerre. Et il fut le premier à se heurter à la ténacité d'Athéna déterminée à défendre les œuvres d'art qui lui avaient été dédiées. Le Vénitien donna l'ordre à ses ouvriers de détacher l'imposant groupe de sculptures ornant le fronton ouest et représentant Athéna et Poséidon se disputant la suprématie sur l'Attique, une querelle remportée par la déesse qui fit don à la cité de la culture de l'olivier.

Alors que les marbres étaient sur le point d'être déposés, les cordages qui soutenaient les échafaudages précaires rompirent sous leur poids et toutes les statues se fracassèrent au sol. Morosini fut alors contraint d'abandonner à Athènes la plupart des statues du Parthénon, excepté quelques fragments et trois têtes dont l'une se trouve aujourd'hui à Paris et les deux autres, dans le froid de Copenhague. Le reste du fronton est conservé au British Museum.

Il n'effleura semble-t-il jamais l'esprit des Turcs que les vestiges antiques puissent avoir une quelconque valeur artistique. Ils eurent toujours à leur égard une attitude pragmatique : si un édifice antique était suffisamment solide pour être employé, il était alors promptement transformé en étable ou en grenier ; si ses matériaux étaient jugés utiles, il était démembré et recyclé dans de nouvelles constructions. Et si un monument antique se contentait d'exister sans déranger personne, les Turcs ne se donnaient pas la peine de le démolir, mais lui accordaient le privilège de tomber en ruine de lui-même.

Les Turcs ne firent aucun effort pour protéger le Parthénon, mais ils eurent tout de même le souci d'empêcher que l'avidité humaine s'ajoute aux dommages inévitables du temps. Jamais, au grand jamais ils n'accordèrent à qui que ce soit l'autorisation d'emporter la moindre statue : il s'agissait d'une règle absolue, établie par le sultan de Constantinople en personne, qui condamna à la frustration éternelle l'ambassadeur français Choiseul-Gouffier et son peintre Fauvel. Ils n'obtinrent jamais l'autorisation de monter au sommet de l'Acropole et en furent réduits à corrompre les autorités locales pour s'emparer des marbres aujourd'hui conservés au Louvre.

Au cours du XVIIIe siècle, un nouveau danger, plus grave, débarqua en Grèce depuis l'Ouest de l'Europe : le tourisme soi-disant « cultivé ». Durant ce siècle, un nombre toujours croissant de voyageurs se proclamant amants de la Grèce et de la culture classique se mit à affluer à Athènes, armé des œuvres d'Homère et de Platon, et surtout d'argent pour corrompre les autorités et obtenir le droit de rapporter dans le monde dit « civilisé » quelques souvenirs de Grèce. Récompensés avec générosité, les Turcs commencèrent à fermer d'abord un œil puis deux sur le vol de quelques fragments de sculptures sans valeur à leurs yeux, en maintenant toutefois la ferme interdiction d'accéder à l'Acropole.

Commerçants sensibles aux affaires, les Turcs comprirent bien vite que les petits morceaux de colonnes ou de sculptures, plus facilement transportables que de lourds et grands vestiges, constituaient un business lucratif auprès des riches et frêles touristes européens : ils n'hésitèrent pas alors à briser les statues antiques pour en vendre les fragments au meilleur offrant.

Les plus têtus et les plus fous, ne pouvant croire que les Occidentaux soient disposés à payer de telles fortunes pour des miettes de vieux marbre, crurent que les vestiges antiques recelaient des pépites d'or et n'hésitèrent pas à les détruire en quête de trésors inexistants.

De retour dans leurs patries, les touristes européens se désintéressaient bien vite de leurs souvenirs antiques pour les déposer dans un coin sombre de leur demeure et leurs héritiers finissaient un jour par les remettre sur le marché pour s'en débarrasser, comme ce fut le cas du fragment Fagan.

La plupart des fragments du Parthénon dérobés à la Grèce au XVIIIe siècle ont été perdus. Au cours des ans, quelques morceaux de la frise de Phidias ont refait mystérieusement surface dans les jardins d'un château anglais ou dans les vitrines d'une riche famille française. L'idée m'en est pénible, mais au moment même où je passe la nuit devant le vide laissé par l'Europe occidentale au musée de l'Acropole, il y a peut-être quelqu'un en France ou en Angleterre qui conserve un fragment du Parthénon au fond de sa cave, oublié.

*

Le concept de « classique » est parfaitement immatériel, il est presque le souffle du monde que nous habitons aujourd'hui. La culture classique, telle l'atmosphère, anime l'air dans lequel se forment nos pensées, pour lesquelles l'Antiquité est de l'oxygène à l'état pur.

L'Acropole est symbole et notion même du « classique ». Ce qui m'a troublée dès le début dans l'histoire du Parthénon n'est pas tant que, par un beau jour du XIXe siècle, un ambassadeur anglais soit arrivé et l'ait emporté dans l'indifférence générale. C'est que pendant près de deux mille ans, jusqu'au XVIIIe siècle au moins, personne ne se soit jamais douté de sa valeur, ne l'ait jugé digne d'être défendu.

J'essaie d'imaginer le regard des hommes et des femmes qui, de la Rome antique au Moyen Âge, jusqu'au XVIIIe siècle et au-delà, en levant les yeux vers cette Acropole à présent devant moi, n'y ont rien vu d'autre qu'une carrière de marbre, un dépôt de poudre à canon, un supermarché d'objets et de souvenirs. Quelle malédiction se cachait derrière cette amnésie ?

N'ont-ils vraiment ressenti aucun frisson devant l'œuvre de Phidias, mais seulement la soif de prendre et de détruire ? Alors que personne à Rome, Paris ou Venise ne se serait jamais hasardé à allonger le bras pour subtiliser un fragment de la chapelle Sixtine où de la basilique Saint-Marc, pourquoi a-t-il été aussi désespérément facile à Athènes de faire de l'Antiquité un bazar bon marché ?

Cette nuit face aux marbres placés sous ma garde, j'ai un funeste pressentiment. Comme toutes les histoires, surtout celles qui font mal, je crains qu'elle ne se répète comme un cauchemar tenace.

Si la valeur des marbres de Phidias n'a pu être reconnue pendant deux millénaires alors que ce sont les vestiges les plus majestueux et imposants du monde antique, bien visibles dans leur beauté éclatante sur les hauteurs d'Athènes, je me demande comment défendre aujourd'hui les idées et les valeurs du monde classique qui, à la différence du Parthénon, ne sont pas de pierre, mais demeurent invisibles, impalpables. Grandioses et pourtant fragiles.

J'ai l'impression que dans cette histoire contemporaine ingrate et oublieuse que nous sommes tous en train d'écrire et que les générations futures liront – come je lis aujourd'hui celle d'Elgin – le rôle des Turcs ignorants et crédules, incapables de reconnaître la moindre valeur à l'Antiquité, nous revient, à nous.

Chaque fois que nous jugeons recevable la question « À quoi sert l'Antiquité ? », refusant de voir que « servir » est le propre des serfs tandis que la culture nous libère, notre vue se brouille davantage. Nous sommes aveuglés par la même cataracte analphabète que ceux qui, il y a deux siècles à peine, ne voyaient en l'Acropole rien d'autre que du vieux marbre tout juste bon à mettre en pièces.

Tels des enfants immatures, ou des mendiants rendus cupides par un système fondé sur le profit, nous abandonnons volontiers un trésor inestimable en échange d'un bonbon vite avalé.

Alors que l'Antiquité est bel et bien ce que nous

possédons de plus important. Elle est l'étoffe même de notre âme. En la bradant, nous errons à travers la vie, privés de notre capacité à articuler une pensée, comme les statues sans tête du Parthénon.

J'observe avec horreur une métope où un centaure serre avec force la gorge d'un Lapithe, comme s'il voulait la broyer. Je sens dans ma poitrine la même étreinte ancestrale.

L'éternité n'est pas faite de marbre comme l'œuvre de Phidias, mais elle est contenue dans chaque instant qui passe : il suffit de se distraire un moment, de cesser de la préserver, pour qu'elle soit perdue à tout jamais.

Paris, Copenhague, Wurtsbourg, Karlsruhe et Londres, évidemment. Ce sont les villes où gémissent aujourd'hui encore les fragments du Parthénon dérobés à la Grèce.

« Dans Hellas il y a hélas[1] », soupirait Séféris. Je me fais alors la promesse qu'après cette nuit solitaire au musée de l'Acropole, j'irai dans chaque lieu d'Europe où est conservé ce qui a été dérobé à Athènes.

Un pèlerinage ou, plutôt, une pénitence.

Pour expier cette histoire tissée de négligence, face à chaque fragment de marbre derrière lequel s'esquisse le visage sévère, sacré, mystérieux d'Athéna.

---

1. Georges Séféris, *Six nuits sur l'Acropole*, *op. cit.*, p. 57.

La nuit étend sur Athènes son voile de ténèbres, le char d'Hélios est désormais bien loin dans le ciel. Je ne sais pas ce que je donnerais pour pouvoir fumer une cigarette, bien que je fasse semblant d'avoir arrêté depuis quelques années. D'ailleurs, sur les anciens paquets de Hellas Special, on voyait l'Acropole de nuit, avec la lune pleine et ronde comme un vinyle. N'y pense même pas, me dis-je : ce ne sera pas moi, l'helléniste ratée, obligée d'ajouter sur son CV qu'elle a mis le feu aux marbres de Phidias pour le simple plaisir de fumer une cigarette.

Et puis, cette nuit, j'ai un rendez-vous. Je veux dire, pas seulement avec le monde antique et ma conscience. Avec le destinataire de la carte postale que j'ai achetée avant de venir. C'est à lui que j'ai demandé de passer à minuit précis sous la baie vitrée du musée qui donne sur la rue.

Afin de donner une forme et une dimension à l'absence, le musée de l'Acropole a choisi d'exposer le vide.

La salle où j'ai monté mon lit de camp au crépuscule est aux mesures exactes du rectangle de frise du Parthénon qui, semblable à un précieux ruban de marbre déroulé, était long de cent soixante mètres environ. La totalité des quatre-vingt-douze métopes sculptées par l'école de Phidias, y compris celles perdues au fil du temps, sont disposées le long du quadrilatère imaginaire. Y compris celles qui se trouvent aujourd'hui en otages au British Museum.

Pour la trentaine de mètres de marbre à jamais engloutis par l'oubli, dont il ne reste aujourd'hui aucun fragment, pas même la poussière du souvenir, le musée a choisi de laisser vacant le panneau correspondant. L'effet est celui d'une immense collection de timbres dont certaines pochettes sont laissées vides pour les lettres envoyées mais jamais reçues, obligeant le visiteur à imaginer des formes et des couleurs qu'il ne pourra pas voir.

Lorsque des esquisses réalisées par les artistes voyageurs des XVIIe et XVIIIe siècles nous permettent au moins d'imaginer ce que représentaient les sculptures disparues, un dessin en noir et blanc est reproduit dans un angle du panneau vide, afin que le visiteur se fasse une idée de ce dont il doit avoir la nostalgie.

En revanche, les quelque cinquante mètres qui se trouvent à Londres ont, ici au musée de l'Acropole, la couleur blanche et le goût criard du plâtre : afin d'éviter que le récit de Phidias ne se réduise à un balbutiement irritant, les métopes absentes ont été remplacées temporairement (c'est du moins ce que les Grecs ne se lassent pas d'espérer) par des moulages. Ainsi, le visiteur peut quand même percevoir le froissement du péplos des femmes en procession le jour de la fête d'Athéna, le mugissement des bœufs offerts en sacrifice, la tension des muscles des hommes chargés de dons, sans trébucher à chaque pas sur l'absence et la profanation.

Et devant la centauromachie, la lutte ancestrale entre rationnel et irrationnel sculptée sur les métopes du côté sud, il peut aisément se demander quel parti prendre, celui des hommes ou celui des bêtes.

Devant moi, un pied en marbre pentélique, jauni par le temps et la pluie, est encastré dans un parallélépipède de plâtre immaculé : éclairé par les lumières impitoyables du musée, il ressemble davantage cette nuit à une mauvaise dent cariée, moulée dans une empreinte comparable à celle du dentiste, qu'à un trésor de pierre immortel.

Suivent un bras, deux jambes, un corps entier, et puis de nouveau absence, absence, absence, comme si la frise de Phidias s'appliquait à reproduire, par ces pleins et ces espaces vides, le code morse de la civilisation européenne.

*

La lune décroissante se hisse à présent, haute et incomplète, dans le ciel au-dessus du Lycabette, il reste peu de temps avant mon rendez-vous : je ressens la même excitation mêlée d'appréhension que lorsque j'avais vingt ans.

La succession de marbres et de moulages à côté de moi m'évoque un chemin de croix en pierre. Je me demande où se tiendra le sacrifice final et si ce sera le mien. Et s'il y a une résurrection quelque part ou si elle s'est perdue elle aussi parmi les bas-reliefs de Phidias dont il ne reste pas même une trace esquissée au crayon dans le carnet du dernier être humain à les avoir vus de ses yeux.

Il me faudrait du plâtre pour m'en enduire l'âme, me dis-je en observant le visage impassible d'une jeune fille, ajouré par le vent et désormais collé à un corps postiche. Et pour parcourir dignement les avenues de la vie comme un jour de fête dans l'Athènes antique.

Pourtant, la part féroce en moi est incapable de résister à la balafre. Elle connaît parfois un répit, mais jamais la paix.

Je ne crois pas qu'elle s'apaisera un jour. Je n'en peux plus de composer avec les vides laissés par les blessures, je n'ai plus le temps de les laisser se transformer en cicatrices, telles sont mes réflexions alors que je ressens une furieuse envie d'exiger des comptes, comme si la vie était une question de débits et de crédits à recouvrer.

C'est certainement l'envie de fumer, mais je sens monter en moi le besoin de juger, d'attribuer dans l'histoire des marbres du Parthénon les étiquettes de bons et de méchants, de victimes et de bourreaux pour me rasséréner. Et pour la première fois je ressens l'envie rageuse d'aller à Londres et de rapporter à Athènes les marbres perdus.

Avant cette nuit, cela ne m'avait jamais traversé l'esprit. Je ne m'étais jamais vraiment scandalisée de cette éternelle injustice perpétrée contre la Grèce.

Je me contentais tout au plus de soupirer devant la fraude d'Elgin, comme on fait mine de s'affliger face aux scènes de dévastation depuis le confort du canapé du salon, et je passais allègrement à l'organisation d'un week-end à Londres pour voir les marbres qui reviennent, par droit du sol, à Athènes.

À présent, un accès violent, presque de rancœur, me saisit face à ces métopes ébréchées et recomposées tel un puzzle de pierre, effaçant en moi toute pensée pacifique d'acceptation et de trêve.

Je finirais bien sûr en prison, on parlerait de moi comme d'une folle qui a glissé dans son sac un fragment des marbres de Phidias au British Museum pour le rapporter à Athènes. Certains penseraient peut-être qu'il s'agissait d'une performance écologiste, comme ce type qui a lancé, il y a quelques semaines, une tarte à la crème contre *La Joconde* pour rappeler l'urgence climatique à un monde insensible. On intenterait de lourds procès internationaux contre moi qui, par lâcheté, crains davantage les préfectures et les tribunaux que les hôpitaux.

Je me retrouverais bien vite dans les journaux du monde entier, avec une photo floue accompagnée d'une légende me louant comme la plus philhellène d'entre tous. Bien loin d'imaginer que j'aie pu être séduite par le vol de lord Elgin, on m'appellerait alors « la nouvelle lord Byron », disposée à mourir pour l'honneur de la Grèce. Passé quelques jours, je finirais par être véritablement digne de l'épithète bien imméritée d'« héroïne grecque » que m'avait attribuée *Le Monde* ; elle deviendrait ma carte de visite et, pourquoi pas, un nouveau tatouage.

Mon imposture résisterait, imperturbable, toujours plus grande et glorieuse. On me décernerait des prix et des distinctions, peut-être même la citoyenneté d'honneur grecque, qui sait. Et bien que j'aie tout de même besoin, par ignorance et par bêtise, d'un interprète pour prononcer mes discours solennels en grec moderne et remercier un public toujours plus nombreux et fidèle, personne ne viendrait à savoir, cette fois encore, que je n'avais pas du tout été poussée par un élan homérique, mais bel et bien par ma paresse. Par mon incapacité à accepter l'imperfection, contrairement aux pierres du musée de l'Acropole qui, elles, ont su le faire, et ont persévéré après la catastrophe, avec patience et dignité.

Je m'abandonne un instant à mon rêve de plâtre et d'illusions, imaginant ce musée enfin plein à craquer, avec tous les marbres de Phidias à leur place, les mains rendues à leurs bras, les cavaliers en selle sur leurs chevaux, les têtes dispersées aux quatre coins du monde enfin réunies avec leurs corps.

Et de même dans tous les musées de la Grèce, où Victoires et Vénus sont revenues trôner devant la mer de Samothrace, de Milo et de tant d'autres îles, rétablies sur les socles où elles avaient été délicatement posées par les sculpteurs antiques, pour être vénérées par des hordes de touristes modernes.

Je me laisse transporter par la vision d'une Grèce ayant finalement obtenu reconnaissance et réparation. Et un dédommagement plus que légitime : si chaque lecteur d'Homère, depuis deux mille huit cents ans – lorsque la muse de l'Hélicon chanta à l'aveugle de Chios la geste d'Achille et d'Ulysse –, avait versé à la Grèce ne serait-ce qu'une part minime de la rémunération prévue par le droit d'auteur, ces îles arides jetées dans la mer Égée comme par un coup de dés seraient aujourd'hui les plus riches et les plus florissantes du monde.

Si chaque homme et chaque femme qui ont eu une idée après avoir lu Platon ou Aristote, qui se sont exclamés *Eurêka !* après avoir étudié Archimède ou Ératosthène, qui ont ressenti le besoin d'écrire, de peindre, de jouer de la musique après avoir assisté à une tragédie de Sophocle – ou qui se sont tout simplement sentis compris, moins méchants et plus humains –, reconnaissaient aujourd'hui leur dette envers l'Antiquité, la Grèce siégerait au faîte du monde, de l'Olympe même, révérée et respectée de tous les autres pays, humbles mendiants aux pieds de sa grandeur.

*

Mon accès de folie se calme enfin, j'arrête de m'imaginer en sauveuse de la Grèce et en trafiquante d'œuvres d'art des temps modernes. D'ailleurs personne ne m'a rien demandé, on ne m'a confié aucune mission.

Je me demande parfois avec embarras si la fureur que je ressens face au sort de l'Antiquité est de l'amour ou de l'orgueil.

J'ai eu un instant la faiblesse d'improviser des tribunaux et de distribuer les fautes. C'est si rassurant de prétendre être du bon côté et de rejeter sur l'autre la responsabilité de l'atroce douleur qui nous transperce la poitrine. C'est réconfortant mais inutile, je le sais bien.

Et pourtant cette nuit je n'ai plus aucune envie de me soucier de mes vides, je veux au contraire les sentir plus pleins et solides que les marbres de Phidias qui, aussi abîmés soient-ils, me semblent davantage dignes que moi.

Je veux croire un instant qu'ils peuvent redevenir intacts, complets, dussé-je recoller moi-même les fragments du Parthénon, assise à même le sol.

Pour ne pas devoir supporter une minute supplémentaire la vue de ces panneaux vides, qui ressemblent plus à des stèles sans noms ni photos à la mémoire de soldats tombés au combat qu'à une respectueuse évocation.

*

Dans moins d'une minute il sera minuit, je suis prête.

Pieds nus, et mes ongles vernis de rouge se déplacent rapidement comme des insectes sur le sol froid.

Debout, comme au garde-à-vous, je m'arrête tout net à côté du magnifique acrotère, cette décoration semblable à une fleur ou une palme qui se dressait sur la cime du Parthénon. Captivée par le drame de la frise, je n'avais jamais vu combien il était beau, haut de plus de quatre mètres, avec ses volutes sinueuses et royales placées au sommet du fronton tel le panache d'un casque d'apparat.

Je suis certaine qu'il viendra.

Et pourtant je redoute toujours qu'il ne vienne pas. Qu'il change d'idée en chemin dans la rue pavée qui le conduit, par une nuit de fin mai, au pied de l'Acropole pour y voir une femme enfermée dans un musée et entourée de ruines.

Cet homme est pour moi l'incarnation de la vie. Chaque jour j'ai besoin de la preuve physique de son existence, sans quoi je n'y croirais pas. Pour sentir pulser la mienne.

Soudain, les lumières du musée s'éteignent une à une, cédant à une antique fatigue qui me laisse dans l'obscurité totale, face à une Acropole toujours illuminée comme un phare ou comme une fête.

Je sens monter la panique : je ne crains pas de trébucher dans l'obscurité sur un marbre de Phidias, mais je redoute que cet homme, une fois arrivé au rendez-vous, ne puisse me distinguer et parte alors chercher quelqu'un de moins compliqué, de moins intense que moi.

Derrière les baies vitrées, les lampadaires continuent d'éclairer faiblement la rue Denys l'Aréopagite, bien qu'il n'y ait plus personne. Les rares passants qui la traversaient, une bière à la main, dans l'insouciance d'une soirée printanière, il y a quelques heures à peine, sont sans doute rentrés chez eux dormir ou faire l'amour.

J'aperçois enfin mon homme.

J'aime à reconnaître sa silhouette entre mille, comme un mot à la sonorité familière dans une langue étrangère.

Aussi ponctuel que le terrible système d'éclairage, à minuit il m'adresse un salut de la main sous les verrières du musée de l'Acropole.

Il ne peut pas me voir, même si je gesticule pour tenter d'échapper à la fatalité de l'obscurité qui m'engloutit. Croire en ma présence est un acte de foi, il ne bouge pas d'un pouce.

Mais moi je le vois et cela me suffit pour avoir la confirmation, cette nuit aussi, que cet homme existe. Comme ont existé les corps de tous ceux qui se sont aimés à Athènes avant nous et comme existeront les corps de ceux qui s'aimeront après nous, lorsque nous aurons disparu, avec tous nos soupirs, dans la terre au pied de l'Acropole.

« La plume, ce moulin à paroles[1] ! » disait Zorba le Grec.

Et cette machine à incompréhensions parfois aussi, à malentendus. À illusions.

Lord Elgin était encore en train de s'acclimater au soleil calme et aux eaux paresseuses du Bosphore lorsqu'il se retrouva soudain, et sans mérite aucun, l'homme le plus en vue de tout Constantinople. Le succès de l'expédition anglaise en Égypte et la retraite de Napoléon, avec lesquels il n'avait pourtant pas grand-chose à voir, firent de l'ambassadeur l'homme le plus en grâce à la cour du sultan.

Les Turcs, ravis à l'idée de reprendre la terre des pharaons aux Français, n'en finissaient pas de témoigner leur gratitude, par des fêtes et des cadeaux, à l'Angleterre, le pays qui avait sauvé leur honneur et une province de l'Empire. Lorsque la nouvelle de la victoire finale fut annoncée à Constantinople, le sultan

1. Nikos Kazantzakis, *Zorba le Grec*, *op. cit.*, p. 323.

décréta des célébrations solennelles pendant sept jours dans toute la ville, avec de la musique et des danses à chaque coin de rue, des feux d'artifice à en illuminer les deux rives du Bosphore et des canonnades durant des nuits entières.

Elgin et ses diplomates étaient évidemment enchantés de ce retournement de situation en leur faveur. « Je pense qu'ils auraient pu conquérir plusieurs fois l'Égypte s'ils avaient tiré sérieusement ne fût-ce que la moitié des salves qu'ils ont tirées pour rire », décrivait, flattée, lady Elgin dans une lettre à sa mère.

Mais l'ambassadeur n'avait pas l'intention de se contenter des habituels déjeuners de gala, diamants et étoffes précieuses. Elgin en voulait plus. Il voulait mettre le pied sur l'Acropole : c'était là son projet initial, un accès toujours refusé aux Français et qu'il mettait désormais un point d'honneur à obtenir entre autres largesses des Turcs.

On ne peut pas dire qu'il eut à attendre longtemps : le firman qui permit à Lusieri et aux autres ouvriers payés par Elgin de monter sur l'Acropole arriva moins de trois semaines après la victoire anglaise en Égypte. Pour le sultan, il s'agissait d'une concession sans importance, une modeste faveur à ajouter à la longue liste des fourrures, chevaux, médailles et autres pierres précieuses, généreux témoignages de sa reconnaissance envers les alliés anglais.

Le firman est plus exactement une lettre officielle

signée par le sultan et adressée au voïvode et au préfet d'Athènes. Comme tous les documents administratifs, il est écrit dans un style solennel et une prose alambiquée et obscure, plus proche de celle d'un notaire de campagne du XVIIe siècle que de celle rigoureuse et limpide de Platon. Complet et précis en apparence, le firman d'Elgin contient toutefois une ambiguïté délibérée concernant le point décisif : celui qui permit aux Anglais de mettre la main sur la frise du Parthénon et de l'emporter.

Les demandes de l'ambassadeur sont énumérées avec une précision extrême : il exige que ses artistes puissent monter librement sur l'Acropole pour réaliser croquis et moulages sans que quiconque entrave leurs desseins ; qu'ils aient le droit de dresser des échafaudages pour leurs études et de creuser le sol à la recherche de nouveaux objets sans rencontrer d'obstacles ; et surtout que *non si faccia opposizione al pontare via qualche pezzi di pietra con iscrizioni e figure* ; « l'on ne s'oppose pas à l'enlèvement de quelques fragments de pierre avec des inscriptions et des figures ».

Je ne peux m'empêcher de sursauter en découvrant dans les archives d'Elgin la musique allègre de ces syllabes en italien qui interrompent, telle une éclaircie, la sonorité brumeuse de la langue anglaise avec son accent *british*. C'est la mélodie que mes cordes vocales ont appris à reproduire comme un signe distinctif de ma terre natale, l'intonation qui déteint avec son accent méditerranéen sur toute autre langue que je parle.

Par un hasard sadique, ma langue maternelle est celle qui a servi à rédiger l'unique exemplaire conservé du morceau de papier que les Anglais usèrent comme d'une hache pour saccager Athènes.

Malgré les recherches des historiens à travers les archives de toute l'Europe, la version originale turque s'est perdue, ainsi que les notes en anglais de l'ambassadeur. Le seul témoignage du firman qui aurait autorisé Elgin à déplacer à Londres les marbres du Parthénon, celui qu'il exhibera lui-même vingt ans plus tard au tribunal anglais pour se défendre de l'infamante accusation de vol, est une version établie par un dénommé Pisani, interprète auprès de l'ambassade anglaise à Constantinople.

Le passage à l'origine du premier coup, au sens propre, contre le Parthénon tient en peu de mots, décisifs, ajoutés en fin de document, peut-être au dernier moment, certainement pour faire passer aux yeux du préfet d'Athènes pour une broutille, après nombre de demandes bien plus substantielles, l'obtention de l'autorisation d'emporter les œuvres d'art qui trônaient sur l'Acropole depuis deux millénaires.

Nul besoin d'un avocat pour saisir toute l'ambiguïté du document : autoriser quelqu'un à « fouiller et prendre », ce n'est pas la même chose que permettre de « prendre et fouiller ». Dans le premier cas, il est évident que l'autorisation d'enlèvement ne concerne que les œuvres mises au jour sur l'Acropole après les campagnes de fouilles. Dans le second, il est permis d'emporter n'importe quel objet de valeur indépendamment de l'endroit où il a été trouvé, que ce soit sous la terre sacrée d'Athènes ou directement sur les métopes et les frontons du Parthénon.

Juger quelqu'un sur l'intention que l'on attribue à ses actes, et non sur ses actes réels : la justice des tribunaux ne s'accorde pas le luxe de faire le procès de l'intention, et moins encore la mémoire de tout un peuple. Mais c'est un luxe que s'attribue parfois le tribunal de la conscience humaine.

Si nous voulions organiser aujourd'hui un procès pour évaluer les motivations de lord Elgin, nous serions forcés d'admettre que l'ambassadeur, au début, ne s'était même pas rendu compte de l'extraordinaire impunité accordée aux Anglais par le firman.

Dans toutes les lettres qui ont suivi la signature du document officiel par le sultan, Elgin ne cache pas son enthousiasme et sa satisfaction, mais il parle toujours de moulages, de copies, de dessins, à la rigueur de fouilles et de recherches sur les fondations de l'Acropole, jamais de spoliations ni de vols. Son interprétation du firman fut à l'origine restrictive et respectueuse des limites imposées par les autorités grecques et par un vague reste de conscience.

Au départ, l'ambassadeur n'avait nullement en tête

de porter la main ni la hache sur les frises du Parthénon pour les emporter : son seul but était de réaliser des moulages et des dessins qui, une fois exposés au public cultivé, devaient contribuer au développement des beaux-arts et des lettres anglais. Mais il s'aperçut, à peine l'autorisation obtenue, que l'original valait toujours mieux que la copie : pourquoi envoyer en Angleterre une frise de plâtre alors qu'on pouvait expédier directement les sculptures de Phidias en marbre pentélique ?

*

Au fond, plus que de lord Elgin et de son firman, le Parthénon aurait dû être protégé contre une attaque du sort. Contre ce même destin inexplicable qui m'a conduite, presque malgré moi, devant ces marbres en morceaux.

L'avenir est un mot qui rend manifeste l'absence de présent.

Il est facile, voire puéril, de juger la journée d'hier avec la sagesse d'aujourd'hui, laquelle deviendra à son tour ignorance dès demain. Le bon sens d'après-coup engendre regrets et accusations, jamais justice ni sollicitude.

Dans l'histoire où se mêlent la responsabilité d'Elgin et les marbres échoués à Londres, la danse du hasard fait presque sourire par l'enchaînement insouciant des petits pas qui conduisirent au moment d'empoigner marteaux et scies pour mettre le Parthénon en pièces.

L'origine première, le moteur des caprices du sort, fut Napoléon. Si l'empereur n'avait pas perdu la campagne d'Égypte, les Turcs n'auraient certainement pas été si généreux, ni si bien disposés envers un ambassadeur anglais aux goûts d'antiquaire. Le sultan aurait probablement rejeté la demande d'Elgin d'accéder à l'Acropole sans y penser à deux fois, comme il l'avait déjà fait à plusieurs reprises par le passé, et aucun firman trafiqué ne serait parvenu jusqu'au préfet d'Athènes.

Il ne fait d'ailleurs presque aucun doute que si Napoléon avait vaincu la Turquie et l'Angleterre en Égypte, la frise de Phidias serait aujourd'hui exposée au Louvre, jusqu'à son plus petit fragment de marbre. Peut-être même que le Parthénon tout entier trônerait sur une place de Paris au lieu d'un obélisque égyptien.

La seconde attaque du destin par ordre d'importance prend le nom prophétique du révérend Philip Hunt (*hunt* signifie « chasse » en anglais), le chapelain de la délégation d'Elgin, qui se trouve, dans cette histoire, toujours au bon endroit au bon moment, mais avec les pires intentions possibles.

Au cours de l'année 1801, Hunt s'était rendu plusieurs fois à Athènes pour affaires et par goût antiquaire, gagnant grâce à sa connaissance de la ville la confiance d'Elgin, qui le considérait davantage comme un secrétaire pour ses intérêts mondains en Grèce que comme un homme d'Église pour sa conscience tourmentée.

À Constantinople, ce fut peut-être Hunt qui rédigea le premier brouillon du firman, les notes à l'origine du document officiel en italien, et ce fut selon toute vraisemblance ce même chapelain qui inséra l'apostille finale dans toute son ambiguïté, accordant aux Anglais bien plus que l'indulgence dont bénéficia le Bon Larron. Enfin, ce fut encore Hunt qui fut chargé par Elgin d'apporter le firman à Athènes pour le faire valoir auprès des autorités grecques, une mission que le révérend exécuta avec un zèle et une ambition bien au-delà du raisonnable.

Hunt quitta Constantinople en direction d'Athènes en juillet 1801. Dans ses bagages il emportait, en plus du firman, toutes sortes de documents susceptibles de lui garantir un bon accueil de la part de l'administration grecque, sans compter les bijoux, tissus et autres cadeaux d'usage. Passé l'habituelle attaque de pirates, de rigueur à l'époque, son navire entra dans le port du Pirée le 22 juillet. Entre-temps, sous la conduite du peintre Lusieri, les ouvriers d'Elgin étaient parvenus à monter deux fois sur l'Acropole, mais les extorsions et les interruptions des soldats turcs rendaient vaine toute tentative de recherche.

Lorsqu'il prit connaissance des chantages exercés contre les artistes anglais, le *révérend* Hunt ne mérita jamais aussi mal son titre : reçu par le préfet d'Athènes, il entra dans une colère noire à propos du traitement subi par les émissaires d'Elgin et exigea un accès à l'Acropole garanti pour tous les Anglais.

Face aux protestations des autorités grecques qui, dans une confusion grandissante, ne pouvaient croire à l'authenticité du firman et à toutes ses implications, Hunt se mit à fulminer, allant jusqu'à menacer d'exil quiconque s'opposerait à la volonté du pacha de Constantinople et à l'ambassadeur de Sa Majesté.

Après une série d'échanges tendus entre le révérend toujours plus furieux et les Grecs toujours plus terrorisés, et surtout grâce à une table des négociations couverte de toutes sortes de cadeaux précieux, Hunt put enfin crier victoire : l'Acropole serait ouverte à tous les citoyens anglais et les artistes d'Elgin pourraient œuvrer en parfaite sécurité et tranquillité.

Ce fut peut-être un délire de toute-puissance qui s'empara alors du révérend, comme il arrive aux êtres serviles lorsqu'ils disposent, à la suite de circonstances parfaitement fortuites, d'une bribe de pouvoir et d'un peu d'argent.

Les jours qui suivirent, Hunt se précipita avec un appétit de hyène sur les privilèges que le firman accordait aux Anglais : il engagea une équipe d'ouvriers grecs qui reçut l'ordre de dépouiller l'Acropole de toutes ses inscriptions, lesquelles furent aussitôt entassées sur un navire amarré au Pirée. De nouvelles campagnes de fouilles furent inaugurées sur l'Acropole et le portique des Caryatides fut dégagé des murs récents qui l'étouffaient.

Enfin, Hunt, toujours plus ambitieux et vorace, franchit un pas décisif et transmit au préfet la demande officielle de détacher la plus belle des métopes ornant le Parthénon. L'officiel turc commença par hésiter, mais le révérend tenta de le convaincre avec son habituel mélange de menaces et de cadeaux. Sur ces entrefaites, le préfet d'Athènes mourut, et comme son fils espérait lui succéder, comptant peut-être sur une recommandation directe de lord Elgin auprès du pacha de Constantinople, aucune résistance ne s'opposait désormais aux demandes outrageuses de Hunt. Seul Spiridon Logothetis, consul anglais à Athènes, Grec d'appartenance, s'opposa au saccage imminent de l'Acropole, mais Hunt sut le convaincre avec fermeté que contredire la volonté de son supérieur direct, l'ambassadeur Elgin, n'était pas une bonne idée.

Le préfet d'Athènes, terrorisé et hésitant, fut ainsi mené à croire que le firman remis par les Anglais autorisait ceux-ci à piller le Parthénon et à emporter des œuvres que le temps et les invasions avaient miséricordieusement épargnées. L'autorisation officielle fut enfin accordée, livrant le temple d'Athéna Parthénos à la mutilation des ouvriers d'Elgin, à la main implacable du boucher qui découpe pour son client les meilleurs morceaux de viande.

Quinze ans plus tard, devant la commission constituée à Londres pour examiner si l'action d'Elgin méritait l'ignominieuse qualification de vol, on demanda au révérend Hunt si les autorités grecques s'étaient rendu compte qu'en leur accordant l'autorisation de piller les œuvres de Phidias, elles outrepassaient les limites légales prévues par le firman. Sans parler des limites morales de la Grèce tout entière.

Pour toute réponse, Hunt haussa les épaules et hocha la tête : *oui*.

Comme pour insinuer que, si les Grecs se retrouvaient à présent nus, privés de leurs marbres, ce n'était que la conséquence de leurs propres décisions, prises à la légère.

Lorsqu'on lui demanda ensuite s'il avait été difficile de faire admettre au préfet l'interprétation pour le moins libérale, si ce n'est fantaisiste, du firman, Hunt répondit sans remords : « Nous avons réussi sans grande difficulté. »

Le 31 juillet 1801, « sans grande difficulté », un menuisier de la Marine anglaise, aidé de cinq hommes d'équipage, escalada à mains nues les colonnes du Parthénon et, à l'aide de cordes et de treuils, en détacha la plus gracieuse métope.

On festoya avec force vin et cadeaux, tandis que le marbre abandonnait sa frise d'origine et oscillait encore, accroché à des sangles, entre le ciel et la terre, comme un cochon égorgé suspendu par les pattes. Ou comme un pendu au bout de sa corde.

Le lendemain, une autre métope fut détachée et transportée au Pirée.

Et ainsi de suite, pierre après pierre, creusant le vide titanesque du musée où je me trouve cette nuit.

*

Il est 1 heure passée, mais je n'ai pas encore osé m'allonger sur le lit de camp abandonné dans un coin du musée. Je redoute le contact dur de sa structure en aluminium, j'ai peur que le froid du métal ne pénètre jusque dans mes rêves.

L'un d'eux, récurrent pendant des décennies après la mort de ma mère : je déjeune avec mon père, elle revient pour nous reprocher le chaos et les sottises que nous avons osé commettre en son absence. Un sentiment profond de honte, l'embarras d'être prise en flagrant délit et démasquée.

Qu'elle est étrange cette sensation de perception constante qui nous accompagne lorsque nous pensons à un défunt, cette conviction qu'il ou elle puisse désormais surveiller nos gestes depuis on ne sait quel paradis ou au-delà, connaître nos pensées avant même que nous les exprimions. La condamnation infligée aux vivants : être perpétuellement épiés par les morts.

Mais peut-être est-ce tout simplement le remords.

Accroupie sur le sol devant ce qui reste de la frise orientale du Parthénon, je ne peux m'empêcher de penser à ce que dirait Phidias en voyant ses marbres réduits en pièces détachées, un pied à Athènes, une tête à Paris, un buste à Londres. Qui sait ce qu'en penseraient Périclès, le commanditaire des gigantesques travaux qui menèrent à l'érection du Parthénon, et tous les autres, de Platon à Aristote et jusqu'à Alexandre le Grand, en voyant ce massacre.

Et surtout qui sait ce qu'ils diraient en me voyant seule, pieds nus, face aux quelques vestiges délabrés de leur monde, en train de feuilleter la biographie de son bourreau.

Une fois la brèche ouverte, l'action des émissaires d'Elgin à Athènes se mua en avalanche : les plus belles statues de l'Antiquité furent sciées et détachées une à une du Parthénon où Phidias les avait placées. Les œuvres furent ensuite entassées dans des caisses en bois sur le port du Pirée, comme des sacs d'olives grecques, en attendant que les navires anglais les transportent à Londres.

Après avoir appris la nouvelle de l'enlèvement de la première métope, Elgin se montra pour le moins enthousiaste : sa mission semblait remporter un succès supérieur à toutes ses attentes.

Bien sûr, le révérend Hunt, tout comme Elgin lui-même, se rendait parfaitement compte de la nature douteuse, voire franchement illégale, de leurs actes dignes de prédateurs et non de mécènes des arts et du savoir. Même si, pendant plusieurs mois, le monde, pris par d'autres affaires, ne se donna pas la peine de leur demander des comptes, ils commencèrent tout de suite à se forger des alibis. Si ce n'était pour adoucir l'humiliation des Grecs, du moins pour apaiser leur propre conscience.

La thèse que soutinrent par la suite Hunt, Lusieri et les ouvriers anglais à Athènes fut d'avoir presque rendu service à la Grèce : la décision de transporter les marbres à Londres aurait été motivée par l'urgence de les mettre à l'abri des Turcs qui continuaient imperturbablement à dégrader le Parthénon. La Grèce, alors dominée par l'envahisseur ottoman, n'avait pas la force de protéger ses trésors les plus intimes et les plus précieux. Aussi l'unique solution était-elle de les emporter hors d'Athènes pour les conserver en lieu sûr, même si c'était à des milliers de kilomètres et sous une couronne étrangère.

Certes les prémisses de ce raisonnement sont incontestables – l'avenir du Parthénon transformé en garnison turque était pour le moins incertain –, mais ses conclusions sont inacceptables. Ce serait comme admettre que voler un enfant sans défense ou un vieillard malade est non seulement tolérable, mais recommandé. On ne tire pas sur une ambulance, on l'aide au contraire à soigner les plus vulnérables.

Si nous voulions véritablement accepter l'hypocrisie de la thèse du sauvetage, non sollicité d'ailleurs, force serait de reconnaître que deux siècles pour garder gentiment ce qui appartient de naissance et de droit au peuple grec, c'est trop long. Comme s'exclama dans les années quatre-vingt la ministre grecque Melina Mercouri qui fit de la restitution de la frise du Parthénon à Athènes son cheval de bataille : « Les Anglais disent qu'ils ont sauvé les marbres du Parthénon. Merci bien ! Et maintenant : rendez-les[1] ! »

L'excuse d'Elgin face aux accusations de vol était en revanche beaucoup moins noble, et beaucoup plus puérile : c'étaient les Français qui avaient commencé.

S'il est vrai que l'ambassadeur de Napoléon, Choiseul-Gouffier, et son artiste Fauvel avaient tenté à plusieurs reprises d'envoyer à Paris les vestiges archéologiques repérés à Athènes, une chose est certaine : jamais ils n'ôtèrent une seule pierre parmi celles qui étaient encore solidement attachées au Parthénon. Ils l'avaient peut-être souhaité, mais n'osèrent jamais le faire.

Cette défense fut sans doute très appréciée par l'opinion publique britannique, depuis toujours en compétition avec la France, mais elle ne résiste à aucun raisonnement logique hors de la querelle de bac à sable.

---

1. « Melina and the marbles », *The Sunday Times*, 22 mai 1983, p. 15.

Et pourtant elle contient un fond de vérité.

Et de tristesse impuissante.

À l'aube du XIXe siècle, la Grèce était dans un tel état d'abandon et de mépris international, délaissée par l'Europe entière, qu'il était parfaitement prévisible, évident, que tôt ou tard quelqu'un mettrait la main sur les marbres du Parthénon.

Que ce soient les Français ou les Anglais, que les marbres se trouvent aujourd'hui au Louvre ou au British Museum, au fond peu importe ; le fatal coup du sort porté à l'intégrité de l'Acropole n'attendait que la combinaison de circonstances favorables pour s'emparer à jamais de l'œuvre immortelle de Phidias.

Cela aurait pu être n'importe qui. Cela aurait même pu être moi.

Le hasard et les contingences se rassemblèrent autour de l'ambassadeur Elgin.

Ce fut lui qui concentra à la manière d'une antenne parabolique toute l'avidité d'une époque affamée et malheureuse, incarnant à jamais la malédiction du Parthénon et de la Grèce entière.

Elgin ignorait encore que, tel un champignon vénéneux, le châtiment de Minerve surgirait de chacune des pierres ôtées à l'Acropole.

D'ailleurs, à ce moment de l'histoire, alors que les métopes tombaient une à une en son nom, lord Elgin n'avait toujours pas mis le pied à Athènes.

Je crois entendre battre le cœur de la nuit athénienne.

L'obscurité a ponctué d'un point-virgule de repos les vies des Athéniens, suspendues le temps du sommeil pour s'écrire demain aux premières lueurs du soleil.

Le gardien aussi s'est certainement mis à l'abri de l'inquiétude nocturne dans un coin du musée : je me demande avec curiosité s'il restera éveillé jusqu'à l'aube, les yeux rivés sur les Caryatides ou le Moschophore, ou bien s'il finira par s'endormir, vaincu par la solitude absolue qui règne la nuit au musée de l'Acropole.

Peut-être se sent-il réconforté à l'idée de me savoir quelque part au troisième étage, allongée sur mon lit de camp, compagne silencieuse d'isolement et de veille ; peut-être est-il au contraire agacé par la présence d'une intruse dans son royaume d'ombres et de silence, c'est plus probable.

Je pense à tous les gardiens de nuit de tous les musées du monde qui, en ce moment précis, sont en train de veiller sur le repos des œuvres d'art, épuisées après une journée entière de mains moites dangereusement proches, de commentaires creux et de selfies que personne ne regardera jamais. Je songe alors pour la première fois qu'il faudrait aussi ajouter à la longue liste des noctambules les gardiens de nuit des musées, des sites archéologiques, des collections et des fondations, aux côtés des lotophages des temps modernes qui peuplent les boîtes de nuit, des pilotes d'avion, des éboueurs, des prostituées, des pêcheurs, des parents, des gardiens de banques et de ministères, des médecins, des voleurs, des assassins, des amoureux.

Je me demande si l'art a lui aussi, comme les hommes, une respiration particulière lorsqu'il dort – quelles œuvres ont le repos paisible des enfants, lesquelles ronflent, quels sont au contraire les tableaux insomniaques.

J'imagine le sommeil au souffle parfumé du *Printemps* de Botticelli au musée des Offices, les élucubrations nocturnes de l'*Homme de Vitruve* de Léonard de Vinci aux Galeries de l'Académie à Venise, les hiéroglyphes avec lesquels la statue de Ramsès II réordonne le monde depuis le Musée égyptien de Turin, les rêves érotiques de la *Vénus de Milo*. Je ris en pensant au concert de trombones des bustes des empereurs romains ronflant à l'unisson aux musées du Vatican, au risque de réveiller le pape en personne. Les gémissements de Pompéi, l'égarement de l'autel de Pergame qui, chaque matin, se réveille non en Asie Mineure, mais à Berlin.

Les marbres du Parthénon, arrachés à l'Acropole comme des cheveux à un crâne, parviennent-ils malgré tout à trouver un peu de repos lorsque la pluie londonienne bat sur les vitres du British Museum ou sont-ils condamnés à la brutale insomnie du manque et du vide ?

Et les gardiens qui sont en ce moment même sur le qui-vive en Angleterre pour éviter qu'un voleur pervers n'emporte ce qui fut jadis dérobé par Elgin, sont-ils conscients de ce qu'il y a de paradoxal à surveiller le fruit d'un larcin ?

Dormir ne m'a même pas traversé l'esprit. Mais la nuit athénienne est longue, la passer seule est presque du gâchis. Je pense à cet homme qui est venu à minuit sous la baie vitrée du musée pour me rappeler que j'existe : il doit être en train de dormir maintenant. L'image de son corps recouvert d'un drap en cette nuit chaude suscite en moi une certaine langueur, presque un regret de ne pas partager avec lui cette obscurité.

J'éprouve alors de la jalousie à l'égard de ses rêves, auxquels je n'aurai jamais accès, où je ne serai jamais invitée.

Je ne sais que faire pour occuper le temps jusqu'à l'aube qui poindra, éternelle, sur l'Acropole. Ce n'est pas de l'ennui mais de l'inquiétude que je ressens : je ne sais comment être à la hauteur de l'opportunité unique qui m'est offerte.

Je décide alors de répéter le rituel avec lequel j'accueille la nuit depuis que je suis assez grande pour le faire seule : s'il est impossible de me mettre en pyjama devant les marbres de Phidias (bien que je l'aie envisagé en préparant mes quelques affaires pour la nuit), je peux toujours me laver le visage et les dents.

Les toilettes à côté de l'entrée de la salle avec ses portes coulissantes, ses capteurs pour l'eau et ses indications en grec me ramènent à la réalité, si prévisible et si laide. L'eau fraîche me soulage, elle me rappelle que mon visage est fait de chair et non de marbre, la frise de Phidias survivra à ma disparition inéluctable de cette terre.

Je suis sur le point de retourner à ma couchette près de la frise du Parthénon, lorsque, à la sortie des toilettes, dans le couloir qui mène à la salle des marbres, je me retrouve face à une robuste stèle couverte d'une inscription en grec ancien que je comprends à peine, n'ayant pas étudié l'épigraphie. Une autre source de déception et de frustration.

Le cartel m'apprend qu'il s'agit de la stèle des comptes des trésoriers du Parthénon de l'année 440-439 avant J.-C. relatifs à la fabrication de la statue chryséléphantine, c'est-à-dire d'or et d'ivoire, d'Athéna Parthénos, conçue pour trôner au centre du Parthénon. Plus de cent soixante kilos d'or furent achetés cette année-là grâce à la générosité des Athéniens, ainsi qu'une quantité considérable d'ivoire.

Et moi, me dis-je en fixant mes pieds, je n'ai rien apporté en offrande à Athéna si ce n'est mon inconstance. Et ma brosse à dents encore humide qui goutte sur le sol.

*

Au printemps de l'année 1995, à Civitavecchia, petite ville côtière de la province de Rome, une enfant de six ans vit la Vierge verser des larmes de sang.

Une statuette de plâtre d'à peine plus de quarante centimètres, achetée quelques mois plus tôt à Medjugorje, s'était mise à pleurer dans le jardin de la fillette, qui affirma par la suite avoir vu la Vierge lui apparaître pour lui confier des messages terribles et secrets. Le curé du village, après avoir soumis la statuette à un exorcisme pour chasser tout soupçon de présence démoniaque, cria au miracle et une foule de fidèles accourut de toute l'Italie afin de prier aux pieds de la Vierge en compagnie de la petite fille.

Les analyses scientifiques effectuées par les autorités, qui craignaient une escroquerie destinée à abuser de la crédulité populaire, démontrèrent que la statuette ne contenait aucun mécanisme et ne présentait aucune anomalie. Il en ressortit cependant que le sang jaillissant des yeux de la Madone, abondant comme les présages néfastes qui pèsent sur l'humanité pécheresse, était d'origine humaine, génétiquement masculin. Bien que l'Église catholique ne se soit jamais exprimée ouvertement sur ce prétendu miracle, l'alcôve où la statuette était placée fut transformée en un sanctuaire vénéré par des centaines de fidèles, et d'autres Madones, en Italie et ailleurs, se mirent de concert à pleurer du sang.

En d'autres termes, l'esprit de la Vierge, témoin de trop d'horreurs, s'était mis à saigner et son hémorragie ne s'était plus arrêtée.

Entre 1801 et 1803, c'était la terre de la Grèce elle-même qui se vidait de son sang.

Le jour, Lusieri et les ouvriers d'Elgin réduisaient l'Acropole en pièces à coups d'outils voraces, livrés tout exprès de Constantinople. La nuit, les marbres amputés et défigurés pleuraient.

Le révérend Hunt, dans l'exaltation de son délire, alla jusqu'à envisager le démantèlement complet de l'Érechthéion avec son portique orné de Caryatides pour le remonter morceau par morceau en Angleterre : heureusement, aucun navire anglais de passage en Méditerranée n'était disponible pour transporter une charge aussi lourde et les ouvriers se contentèrent de voler une des six Caryatides, sectionnée de son portique de marbre comme on coupe une artère du cœur.

Glissée à la hâte dans une caisse en bois en direction du Pirée, elle est aujourd'hui conservée au British Museum : nombreux sont ceux qui ont entendu les cinq Caryatides restées à Athènes sangloter la nuit devant le vide laissé par leur malheureuse sœur.

À croire qu'ils veulent « déplacer la Lune de son orbite » : l'archéologue Edward Daniel Clarke décrit ainsi l'effarement des Grecs terrorisés par les agissements des Anglais, certains que l'âme de la terre hellène finirait un jour ou l'autre par se venger.

Le châtiment le plus inquiétant s'abattit sur Éleusis, gardienne millénaire de mystères et de rites occultes, où s'élevait une statue colossale de Déméter, haute de plus de deux mètres, vénérée par les habitants du village, convaincus que la fertilité des champs et l'abondance des récoltes dépendaient d'elle.

Ces derniers assistèrent horrifiés à l'arrivée de plus de cent ouvriers et cinquante éléphants déterminés à emporter la très lourde statue, certains que le premier étranger à oser assener un coup de pioche contre la déesse aurait les bras arrachés. La veille du pillage, alors que les cordes et les poulies étaient déjà prêtes aux pieds de la déesse, un incident bizarre fut interprété comme un signe manifeste de la punition divine : un taureau furieux se libéra de son joug et se mit à donner des coups de corne à la statue, avant de s'enfuir à travers champs en lançant des mugissements effrayants que l'on entendit toute la nuit.

L'année après l'enlèvement de la statue, la récolte dans la plaine d'Éleusis fut mauvaise et encore pire les années suivantes : les paysans étaient sûrs qu'il s'agissait d'un maléfice de la déesse qui, furieuse, les avait abandonnés. Mais Déméter prit sa revanche : le bateau à bord duquel la statue naviguait vers l'Angleterre coula à pic devant les blanches falaises anglaises et elle ne fut repêchée que des années plus tard au prix d'efforts coûteux. La statue gît aujourd'hui, oubliée, dans un coin d'un musée de Cambridge où elle attire à peine le regard des visiteurs, mais à Éleusis son souvenir est toujours aussi vivace que la certitude de sa malédiction.

À Athènes, les sabotages français vinrent au secours des dieux fâchés pour entraver l'œuvre des émissaires d'Elgin : un médecin français en poste en Grèce, échappé de prison, coupait presque chaque matin l'eau du chantier de Lusieri, empêchant ainsi les ouvriers de se rafraîchir et de laver les marbres extraits de la terre grecque éternelle.

Si les marbres du Parthénon ne secrétèrent pas de sang comme les Madones italiennes et se contentèrent de gémir discrètement la nuit, les dégâts commis par Lusieri et les ouvriers d'Elgin furent incontestablement violents et cruels, parfois infligés avec une barbarie confinant à la torture.

Ce qui est mort est mort, c'est indéniable. Mais reste toujours le tombeau.

À l'aube du XIXe siècle, la Grèce antique d'Homère et de Platon avait certes disparu depuis plus de deux millénaires, mais mutiler son sépulcre fut un outrage plus proche de la profanation que de l'archéologie. Semblable au sacrilège nocturne des profanateurs de cimetières qui brisent les stèles en morceaux.

Les récits de ceux qui assistèrent au massacre des métopes du Parthénon sont atroces ; ils décrivent des blocs de marbre découpés sans ménagement de la frise pour laquelle ils avaient été sculptés (les métopes ne sont pas des éléments décoratifs juxtaposés, mais font partie intégrante de l'édifice projeté par Phidias) et fracassés au sol en mille morceaux à cause de la maladresse des ouvriers et des difficultés de transport.

Les dessins et aquarelles réalisés avant l'arrivée de la mission Elgin à Athènes en 1801 représentent une frise du Parthénon à peu près complète ; ceux exécutés à partir de 1803 donnent à voir un paysage dévasté comme après un ouragan : les métopes et les frontons ont presque entièrement disparu, avec des blocs de marbre semblables à des dents cassées qui parsèment les vides laissés par les métopes volées.

Un aquarelliste irlandais, Edward Dodwell, qui assista par hasard sur l'Acropole au martyre infligé par Lusieri et ses compagnons, nota dans son carnet : « Durant mon premier voyage en Grèce, j'eus l'inexprimable déplaisir d'être présent lorsque le Parthénon fut dépouillé de ses plus belles sculptures et lorsque certaines parties de son architecture furent jetées à terre. [...] Quand je le vis d'abord, le Parthénon était un édifice bien conservé et d'une beauté pittoresque : il est aujourd'hui, par comparaison, à l'état d'une ruine désolée. » Reste qu'il quitta lui aussi Athènes avec en poche la tête de l'un des personnages masculins du fronton ouest, découpée par un marin anglais et aujourd'hui perdue à jamais.

Un mythe très ancien de la Grèce archaïque désignait l'Acropole comme « le lieu sans oiseaux », en grec ἄορνος (*aornos*) : aucun volatile n'avait le droit de faire son nid sur le rocher consacré à Athéna.

La légende remonte à une époque très ancienne, lorsque l'animal protecteur de la déesse n'était pas encore la chouette qui voit et entend tout, mais la corneille. C'est une histoire sombre et ambiguë selon laquelle les trois jeunes filles de Cécrops, le premier roi mythique d'Athènes, enfreignirent l'interdiction d'ouvrir le coffret fermé à clé contenant Érichthonios, l'effrayant enfant muni de serpents à la place des jambes, qu'Athéna avait conçu de la semence d'Héphaïstos. Épouvantées, les trois filles se seraient jetées du haut de l'Acropole et seraient mortes dans leur chute. La corneille se hâta de rapporter leur faute à Athéna et la déesse, accablée par la tragédie et furieuse contre l'animal au zèle intempestif, aurait interdit à jamais le vol des oiseaux au-dessus de l'Acropole.

Une autre variante du mythe mentionnait des crevasses sur l'Acropole dont émanaient des exhalaisons mortelles pour les oiseaux qui mouraient instantanément en les survolant, foudroyés en plein vol.

Je ne me souviens pas d'avoir vu ni moineaux ni mouettes voler autour du Parthénon, pas plus que de nids perchés entre les colonnes de l'Érechthéion.

Mais je me souviens que dans la mythologie grecque, il n'y a qu'un seul autre *aornos*, un seul autre lieu interdit aux oiseaux : le lac Averne, l'une des entrées de l'Enfer.

Où Elgin venait tout juste de mettre les pieds.

*

Le paysage de l'Acropole pourrait être comparé à une prose efficace : sobre, lisse, dépouillé d'ornements superflus, puissant dans son caractère essentiel. Et de la mer immense qui se profile derrière le Parthénon s'élève une inépuisable poésie.

En avril 1802, lord Elgin foula pour la première fois le sol d'Athènes. Il découvrit alors un Parthénon déjà spolié et mutilé : à cette époque, la plus grande partie des sculptures de la frise avait été détachée et emballée dans de lourdes caisses en bois en attendant qu'un navire les transporte en Angleterre. Durant son séjour athénien, on détacha même du fronton est ce qui est peut-être la sculpture la plus connue de la collection Elgin, la tête d'un cheval tirant le char de la lune.

C'est curieux, voire un brin sadique, de penser aujourd'hui que le commanditaire du vol de la frise de Phidias ne la vit jamais à son emplacement original : Elgin était si pris par l'obsession d'emporter tout ce qu'il pouvait qu'il manqua le spectacle le plus inoubliable, unique à jamais, la vue du Parthénon dans son intégralité.

Elgin décida de ne pas se limiter à la capitale de l'Attique : toujours plus avide et arrogant, il donna l'ordre à Lusieri et ses comparses de fouiller partout où cela était possible, d'Olympie à Mycènes, de Marathon aux monastères des environs d'Athènes, de Delphes à Éleusis.

Son insatiabilité était due à la hâte : sa mission à Constantinople prendrait fin en janvier 1803 et la paix avait été déjà signée entre la France et l'Angleterre ; la tête de l'aigle napoléonienne se dressait au-dessus de l'Europe et du Proche-Orient. Il fallait donc agir rapidement et prendre tout ce qui pouvait être pris avant que les Turcs, poussés par les reproches de la France, ne mettent fin à l'indigestion anglaise d'œuvres d'art.

Rentré à Constantinople en juin 1802, l'ambassadeur donna l'ordre à ses hommes de main de fouiller au plus vite sans regarder à la dépense. « J'ai été obligé d'être un peu barbare », écrivait Lusieri dans un rapport sur le vol d'une métope qui avait nécessité la destruction d'une partie de l'édifice du Parthénon : ce fut cette frénésie, responsable de la grande négligence des travaux, qui blessa plus brutalement encore le Parthénon et le fit bientôt passer des larmes aux sanglots.

Cependant, un nouveau et grave problème s'annonçait pour l'ambassadeur : dérober les marbres à la Grèce était une chose, les embarquer pour l'Angleterre en était une autre.

Si dans le premier cas l'argent et l'abus de pouvoir avaient suffi à corrompre les autorités turques, Elgin ne pouvait évidemment pas se mettre à jeter des diamants dans la mer dans l'espoir que les eaux soient clémentes et les navires assez solides. Les marbres du Parthénon étaient si lourds et encombrants que la plupart des navires anglais sillonnant la mer grecque ne pouvaient les charger à bord, surtout par temps de guerre et de pirates.

Le destin réservé aux métopes du Parthénon emballées au Pirée tenait plus de celui de la pacotille chinoise entassée dans un dépôt à Shanghai que du fier voyage d'Ulysse. Les marbres gagnèrent l'Angleterre, en passant par Malte, Alexandrie et Smyrne, séparément, avec des trajets et des délais différents, selon l'itinéraire du premier navire assez accommodant pour les prendre en charge. Et le nombre de naufrages que l'on compte dans cette histoire presque trop romanesque pour être vraie est exorbitant.

La collection fut démembrée, les fragments trop grands pour être embarqués découpés en plusieurs morceaux ; certaines caisses se perdirent comme dans le dépôt d'un quelconque bureau de poste, d'autres furent jetées à la mer à cause des intempéries.

Les sculptures volées au Parthénon s'accumulaient au Pirée plus vite qu'elles ne levaient l'ancre vers l'Angleterre : lady Elgin intervint en personne pour aider son mari, usant de son charme afin de convaincre les capitaines de passage en Grèce de prendre à bord de leurs frégates une cargaison décidément indésirable.

Ces difficultés logistiques poussèrent Elgin à s'improviser transporteur et à utiliser son propre navire, le *Mentor*, acheté pour ses loisirs touristiques, afin d'acheminer les marbres vers l'Angleterre.

Le commandement du *Mentor*, rempli à ras bord de caisses et de sculptures, fut confié au secrétaire particulier d'Elgin, William Richard Hamilton, qui s'était distingué en Égypte en assurant aux Anglais la propriété de l'illustre stèle de Rosette (du nom du village au bord du Nil où elle fut découverte par les Français).

Le 16 septembre 1802, le *Mentor* leva l'ancre du port du Pirée.

Il avait à son bord dix-sept caisses de marbres

arrachés à Athènes parmi lesquels quatorze fragments de la frise du Parthénon.

Deux jours plus tard, le navire rencontra une violente tempête aux environs de Cythère, l'île où naquit Aphrodite, et coula à vingt mètres de profondeur – Hamilton se tira d'affaire à grand-peine.

Les opérations de sauvetage des marbres naufragés durèrent des années – on fit appel à des dizaines d'ouvriers, de plongeurs et même de pêcheurs d'éponges bien décidés à les arracher presque à mains nues aux profondeurs de la mer – et coûtèrent une fortune à Elgin. Le dernier fragment de marbre fut récupéré dans l'épave du *Mentor* en octobre 1804, plus de deux ans après son naufrage.

C'était un sort certes prévisible pour un navire nommé *Mentor* : dans l'*Odyssée*, le personnage de ce nom n'est autre que l'un des nombreux travestissements d'Athéna.

Mais la fureur de Minerve n'était pas la seule à peser sur le destin d'Elgin : c'est à un signe sans équivoque de la colère de la déesse de l'amour que l'ambassadeur anglais devait bientôt se heurter.

*

La nuit d'Athènes est totale, les marbres et moi sommes à bord du même silence.

Il me semble alors saisir pour la première fois le

sens du tragique : leur quiétude n'est pas du repos ; un silence triste, fatigué, blessé de ceux qui ont perdu la parole, enveloppe les corps mutilés des femmes, des centaures et des chevaux autour de moi.

Ces marbres ne sont pas muets, ils sont damnés.

Je me demande avec appréhension si, après cette nuit passée à leurs pieds, je serai moi aussi, par osmose, frappée d'une malédiction qui rejaillira sur mes enfants, comme celle d'Œdipe et de tous ceux qui ont voulu en savoir trop.

Pour la première fois depuis que je suis entrée dans ce musée au crépuscule, les marbres du Parthénon me font peur. Et dormir à côté d'eux me paraît un sacrilège.

C'est certainement un effet de mon imagination, mais un sentiment d'abattement immense m'envahit à présent. Et me vient l'envie de pleurer à la place des métopes.

Je voulais écrire leur histoire pour les guérir de leurs blessures, quelle idée stupide. Comme si l'écriture pouvait nous consoler de notre propre tristesse.

Je suis assise par terre, recroquevillée à côté de l'immense baie vitrée où se découpe la nuit tel un drap noir offert à la lune.

J'observe la sculpture gigantesque de la main gauche de Zeus tenant le foudre : le poignet du bras divin a été tranché net, les phalanges se contractent dans le vide comme les ailes d'un oiseau décharné.

Ces marbres connaissent le goût de l'absolu et ignorent la résignation.

En 1866, un article publié dans l'*Atlantic Monthly*, intitulé « Le cas George Dedlow », raconte qu'un homme, rescapé de la guerre de Sécession américaine, se réveille à l'hôpital en proie à des douleurs lancinantes dans la jambe gauche. Lorsqu'il tâche de descendre de son lit pour appeler le médecin, le patient s'aperçoit que, durant la nuit, ses deux membres inférieurs ont été amputés.

L'expression « membre fantôme » pour désigner l'illusion perceptive des patients mutilés fit son entrée dans le vocabulaire médical autour des mêmes années, mais on lit depuis le Moyen Âge des récits de personnes qui, privées de tout ou partie d'un membre, en perçoivent la présence dans des circonstances considérées comme mystérieuses. Au cours du XXe siècle, des générations de physiologistes se sont frottés à cette question, qui est au centre de nombreuses théories neurologiques destinées à déterminer si nos sensations naissent de notre cerveau ou bien de nos organes tactiles – la douleur de la main blessée est-elle dans la main ou bien dans la tête ?

Le plus frappant dans la description des symptômes par les patients est leur unanimité concernant les sensations provoquées par le fantôme : celui qui sent encore le membre perdu n'en retire pas de sentiment de plénitude ni de consolation ou de soulagement, mais une douleur si lancinante qu'elle conduit souvent à la folie. Certains scientifiques ont parlé de « mémoire » nerveuse : les nerfs situés à proximité du moignon se souviendraient de la douleur de l'amputation et ne cesseraient de la répliquer à l'infini. Ce ne sont donc pas les courses à vélo ni les baignades dans la mer que le fantôme de la jambe perdue se rappelle et regrette : c'est la blessure de l'amputation qui se reproduit perpétuellement tel un souvenir parasite. Ainsi les solutions chirurgicales drastiques n'ont aucun effet sur les patients condamnés au syndrome du membre fantôme : en sectionnant de nouveau le moignon qui persiste à se souvenir, la douleur réapparaît, toujours plus aiguë et paranoïaque.

Il est possible de couper la chair et les os, et de les séparer du corps, mais non l'âme qu'ils contiennent, dont la mémoire tenace continue de souffrir éternellement de la mutilation.

Pendant des mois après la mort de mon père, j'ai souvent ressenti le besoin urgent de l'appeler pour commenter avec lui un détail de ma vie quotidienne, la sortie d'un livre, une interview dans un journal italien qu'il aurait ensuite patiemment découpée pour la ranger dans un classeur où il conservait chaque article sur sa fille.

Je suis bien souvent allée jusqu'à composer le numéro que je connais par cœur depuis vingt ans et qu'à présent, seule au beau milieu de la nuit dans le musée de l'Acropole, je murmure comme une litanie de chiffres que seuls les marbres de Phidias peuvent entendre.

Puis je réalise que c'est un père mort, un père fantôme que je suis sur le point d'appeler. Alors il ne me reste rien d'autre à faire que raccrocher et rester dans ma douleur, dans mon silence, avant que le spectre de son absence ne me mène à la folie.

La douleur ne vient pas tant du fait objectif, de la disparition elle-même, que du souvenir de celle-ci. De la mémoire de ces heures déchirantes où il n'est resté de mon père sur son lit d'hôpital qu'un sac en plastique avec ses quelques affaires que les infirmières ont eu la gentillesse de rassembler : un paquet de mouchoirs, ses lunettes, son portable que j'ai essayé d'appeler jusqu'à la fin. Les fruits qu'il avait promis de manger et qu'il avait laissés, comme toujours.

Tel un vétéran de guerre auquel il manque une jambe ou un bras, dans cette nouvelle condition d'orpheline, je devrais avoir mille souvenirs plus gais et agréables que les dernières heures, des scènes qui me renvoient à mon enfance : les dimanches après-midi où mon père jouait avec moi au ballon dans le jardin de la maison, où il m'apprenait à nager ; la fois où il osa même m'acheter un chien contre l'avis de ma mère.

Le jour où j'ai obtenu mon diplôme à Milan, la honte qu'il avait ressentie, lui l'ignorant, à mettre le pied à l'université pour la première et la dernière fois de sa vie, le mémoire que je lui avais dédié et qu'il n'avait même pas ouvert. Les plaisanteries avec lesquelles il cherchait à masquer son infériorité de classe devant mes camarades, *moi, le grec, je le connais mieux que toi*, le verre de prosecco dans la cour, la veste ridicule qu'il avait tenu à porter pour l'occasion.

Les neurones qui composent mon cerveau ont enregistré cette innocence, cette ignorance de l'époque où je ne connaissais pas la mort, tout cela en vain.

La mémoire des nerfs reliés à mon cœur ne rappelle

rien d'autre que le traumatisme final, l'amputation de mon père de mon existence.

Depuis que mon père est mort, je ne suis plus une fille.

Je suis un moignon de fille.

Je me surprends à me demander si les marbres face à moi souffrent aussi de ce cruel syndrome. Et je compatis.

Peut-être la main coupée de Zeus ressent-elle maintenant la douleur du bras disparu, peut-être les chevilles des jeunes filles en procession sentent-elles des aiguilles leur transpercer les tibias et les mollets dont elles ont été privées, et peut-être toutes ces cervicales de centaures et de guerriers sans crâne souffrent-elles de migraines à rendre fou.

C'est avec ces fantômes que je dois partager ma nuit.

Ce ne sont pas les esprits irrités des statues réveillées par un sortilège de pleine lune, comme dans des dizaines de films américains, qui infestent les galeries du musée de l'Acropole. Ce sont les fantômes des bras, des mains, des têtes, des jambes de chevaux et des museaux de vaches qui ne sont plus à Athènes mais à Londres et infligent une indicible torture aux membres de marbre du Parthénon.

*

Peut-être, pour adoucir la douleur et apaiser les fantômes qui hantent les marbres de Phidias, suffirait-il de rembobiner l'histoire de lord Elgin et d'effacer l'amputation dont a été victime le Parthénon. Rapporter têtes, mains, bras et dos à Athènes pour les recoller à la frise dont elles ont été sectionnées, dans une glorieuse opération de réintégration qui écrirait la page décisive et finale du débat actuel autour de la restitution des œuvres d'art.

C'est exactement ce qu'attendent les Grecs depuis le jour de leur indépendance, reconnue par le protocole de Londres en 1830 – chose curieuse, l'incipit de l'histoire de la liberté grecque a été signé à quelques pas des marbres confisqués par Elgin alors que la Grèce était encore prisonnière des Turcs.

« Rendez-nous *La Joconde* » : voilà ce que l'on peut entendre en Italie dans les discussions de comptoir illustrant la méfiance à l'encontre du pays que j'ai tenu à choisir, la France.

Malheureusement, le droit de possession et le drapeau sont encore souvent les seuls critères permettant de juger à qui appartient une statue ou un tableau, lesquels auraient ainsi de légitimes propriétaires dotés d'un passeport, à l'instar d'une simple voiture ou d'une paire de chaussures.

Cependant l'art ignore la propriété exclusive, puisque ce n'est pas uniquement l'objet, la partie matérielle d'une toile peinte ou d'une sculpture en bronze qui constitue l'œuvre, mais bel et bien l'imaginaire qui en émane pour former la conscience artistique d'un peuple. J'entends par là : *La Joconde* en tant que peinture à l'huile sur bois appartient au patrimoine de la France car Léonard de Vinci en personne la céda au roi François Ier en échange d'une rente ; mais *La Joconde*, en tant qu'œuvre d'art, appartient aussi indéniablement à la Renaissance italienne et à l'imaginaire collectif de l'Italie : cela n'a aucune incidence sur celui-ci qu'elle soit conservée au Louvre, aux Offices à Florence, en Chine, ou bien dérobée par Arsène Lupin.

Sans oublier que l'histoire d'une œuvre d'art ne se termine pas avec la mort de son créateur, bien au contraire, elle commence presque avec l'histoire de sa transmission : *La Joconde* fait partie intégrante de l'histoire du Louvre et la transporter ailleurs, tel un vulgaire paquet affranchi d'un timbre italien, comme l'exigent certaines positions nationalistes insensées, serait un désastre.

Que faire cependant lorsque l'histoire de l'acquisition d'une œuvre qui trône dans les salles des plus beaux musées du monde, de Londres à Paris et jusqu'à Berlin, est un scandale reposant sur le vol, le pillage et la domination coloniale ?

Puisque la sensibilité contemporaine a désormais changé à l'égard des spoliations de Napoléon, qui avait pris l'Italie pour une immense brocante, et des saccages restés impunis sur le continent africain, comment remédier à la honte de certains musées occidentaux où chacune des œuvres exposées dans les salles cache un cadavre sanglant dans le placard ?

Il est important de ne pas faire de généralités en la matière et de distinguer clairement les œuvres qui se trouvent aujourd'hui dans nos musées européens à la suite d'une acquisition régulière (même si elle a pu avoir lieu à une époque où les catégories politiques et diplomatiques étaient bien moins perméables qu'aujourd'hui et que le libre arbitre de l'un s'arrêtait là où commençait le pouvoir de l'autre), de celles qui sont sans conteste le fruit d'un vol. Parce qu'il ne s'agit pas uniquement de l'œuvre d'art en elle-même, du morceau de toile dérobé en pleine nuit ou du fragment de marbre emporté par le pillard, qu'il faut restituer : c'est l'imaginaire collectif d'un peuple qui a été spolié et humilié. C'est le cas de la Grèce qui se déclare incapable de se penser elle-même sans les marbres du Parthénon, qui sont au peuple hellène ce que Shakespeare est à l'Angleterre ou la chapelle Sixtine à Rome.

Dans d'autres cas, cet imaginaire que les Grecs ressentent comme violé et saccagé n'a même pas pu voir le jour, contraint à l'avortement par l'avidité occidentale : c'est le cas de nombreux pays africains où l'absence des œuvres d'art transférées en Occident sous l'occupation coloniale coïncide avec l'incapacité de nations entières à se bâtir une identité.

On estime que quatre-vingt-dix à quatre-vingt-quinze pour cent du patrimoine artistique africain se trouve ailleurs, en Europe et aux États-Unis : comment ne serait-ce qu'essayer de construire une conscience collective après des siècles de colonisation, si l'on a perdu presque toute trace de ce qu'ont produit et transmis les générations précédentes ? Comment un jeune étudiant à Dakar ou à Bamako peut-il se constituer une identité si les seuls musées auxquels il a accès sont aussi vides que des boîtes en carton ?

Nous sommes des nains juchés sur des épaules de géants, disait Bernard de Chartres : il y a des peuples où le géant n'est même pas né, comme dans certains pays africains, condamnés à l'amnésie artistique pour insuffisance de preuves.

Certains géants ont été brutalement contraints à rapetisser à force d'humiliations et de vols : c'est le cas de la Grèce, qui essaie de scruter l'avenir juchée sur les épaules mutilées de son passé héroïque.

Du point de vue juridique, les œuvres d'art conservées légalement dans les musées d'Europe sont inaliénables : elles ne peuvent en aucun cas être cédées à un tiers.

Ce principe juridique exclut donc toute approche émotionnelle de la question des restitutions : aucun chef d'État, même le plus philhellène de tous les présidents, ne peut disposer du catalogue du Louvre ou du British Museum à sa guise et rendre les œuvres d'autrui uniquement par empathie artistique.

Si, aux États-Unis, les œuvres peuvent être vendues par le musée qui les conserve dans le but de financer d'autres projets (c'est le cas du MoMA, qui a très récemment mis aux enchères une partie de ses œuvres, parmi lesquelles des Picasso et des Rodin, afin de couvrir le coût de ses nouveaux projets numériques), en France le patrimoine artistique ne peut être cédé sous aucun prétexte, on ne peut pas non plus le donner au nom de l'honneur et du respect de l'Histoire.

Au cours des dernières années, face aux demandes incessantes de restitution des pays d'Afrique et de leurs musées vides, l'Europe a toutefois été amenée à reconsidérer le concept de propriété d'une œuvre d'art et à trouver des solutions afin d'accélérer la cicatrisation de la blessure coloniale. Dans ce domaine, le rapport sur la restitution du patrimoine culturel africain, élaboré en 2018 par l'écrivain sénégalais Felwine Sarr et l'historienne de l'art française Bénédicte Savoy à la demande du président Emmanuel Macron, constitue une évolution du débat et un précédent théorique susceptible d'être proposé comme une orientation pour les autres musées européens. Après une série de voyages sur le continent africain et de rencontres avec les acteurs locaux, les recommandations faites au gouvernement français par les deux spécialistes ont le grand mérite d'élever le niveau de la réflexion autour des hypothèses de restitution et de soustraire le débat aux commentaires irrationnels et émotifs d'aucune utilité. En effet, il ne s'agit pas de vider au sens propre les musées d'Europe tels des greniers de réserve pour en créer d'autres à vocation nationale et nationaliste – les œuvres d'art italiennes en Italie, les sénégalaises au Sénégal, les grecques à Athènes –, mais de cesser de jouer les naïfs ou les idiots face aux spasmes de l'Histoire.

Au lieu de manœuvres logistiques puériles, le rapport conseille au moins d'informer les visiteurs de nos musées et de leur faire prendre conscience de la provenance du tableau ou de la statue qu'ils sont en train d'admirer. C'est le principe de la traçabilité, déjà obligatoire pour de nombreux produits alimentaires et biens de consommation : si nous sommes tous si sensibles à la provenance de la viande que nous avons dans l'assiette ou du T-shirt que nous portons, pourquoi ne nous préoccuperions-nous pas aussi des circonstances dans lesquelles une œuvre d'art est parvenue dans tel ou tel musée d'Europe ?

La seconde suggestion du rapport Sarr-Savoy repose en revanche sur le principe de la libre circulation des œuvres d'art, c'est-à-dire prêter à défaut de restituer lorsque les conditions juridiques ne le permettent pas.

De même qu'un Parisien peut choisir de contempler les charmes de l'art asiatique au musée Guimet, les arts du Pacifique pénétrés du divin au Quai Branly, la beauté triomphante de la Renaissance au Louvre et mille autres œuvres d'art dans autant de musées, de même un citoyen du Mali, de la Guinée ou de Madagascar doit bénéficier de telles opportunités, grâce à un circuit de prêts, d'expositions itinérantes et de tournées qui rendraient l'art véritablement humaniste, véritablement mondialisé. Une vie de rock star s'offrirait alors à la *Victoire de Samothrace*, à *La Joconde*, à la *Vénus de Milo* et aux œuvres d'art européennes les plus célèbres, en tournée dans toute l'Afrique, l'Asie et le Pacifique, attendues dans chaque ville par des milliers de fans.

Fait historique et sans précédent : la restitution en 2021 au Bénin de vingt-six œuvres d'art appartenant aux trésors royaux d'Abomey pillées au XIXe siècle et conservées jusqu'alors au musée du Quai Branly. Du point de vue juridique, la France a dû faire voter au Parlement une loi spécifique pour autoriser le voyage de retour du trésor béninois, se limitant aux seules vingt-six œuvres restituées et ne pouvant s'étendre à aucun autre cas.

Nombreuses sont les autres œuvres d'art africaines qui attendent leur billet de retour vers leur pays, parmi les leurs.

Qui peut dire, cependant, si les marbres du Parthénon, dans l'obscurité des salles du British Museum, dans l'aile qui portait jadis précisément le nom de lord Elgin, ont encore la force d'attendre de revoir la Grèce ? Ou s'ils ont perdu depuis longtemps tout espoir ?

Il est terrible d'attendre. Cesser d'attendre est pire encore.

*

Ils ne sont pas capables.

Ils n'ont pas les compétences nécessaires.

Leurs musées ne sont pas à la hauteur.

Et de toute façon, ils n'ont pas de visiteurs, ils sont trop loin, à la marge de la géographie mondiale.

Et puis ils finiraient par perdre les œuvres d'art.

Ou par les vendre.

L'histoire se répète, disait Thucydide.

Son sadisme aussi, ajouterais-je par cette nuit sans sommeil, à 2 heures du matin au musée de l'Acropole.

Je réalise pour la première fois que les prétextes opposés à la Grèce depuis deux siècles pour éviter de restituer les marbres du Parthénon sont exactement les mêmes que ceux brandis aujourd'hui dans le débat sur la restitution des œuvres d'art africaines.

Je commence à me demander si ce n'est pas une malédiction géographique, ce destin de tout Sud d'être humilié par un Nord, quel qu'il soit ; il y aura toujours quelqu'un placé plus haut pour nous rappeler que notre place est tout en bas, la tête baissée et le dos courbé.

Nous leur avons rendu service, les Grecs devraient nous remercier, telle a été longtemps la position de l'Angleterre et de l'Occident face aux reproches de la Grèce, assortie d'un étonnement paternaliste face à l'absence de gratitude.

La situation politique était trop précaire à cause de l'occupation turque, disait-on ; les marbres de l'Acropole auraient tous été détruits ou, pire, vendus, *c'est une chance pour l'humanité qu'ils soient en sécurité à Londres.*

Une fois que la Grèce eut obtenu l'indépendance : *Le système n'est pas solide, comment s'y fier ?* insinuait-on en Europe. *Et puis c'est un pays très pauvre de bergers et de pêcheurs, ils ne sauraient pas comment s'occuper d'un trésor aussi fragile et précieux, ils n'ont pas les compétences nécessaires.*

Après la construction du musée au sommet de l'Acropole en 1863 et la formation des premiers archéologues : *Il est trop petit, il n'est pas à la hauteur*, a-t-on commencé à objecter, *et puis Athènes est trop loin, à la périphérie du monde, il vaut mieux que les marbres restent à Londres où ils peuvent être vus d'un très grand nombre.*

Plus de cent ans plus tard, après l'inauguration du nouveau musée moderne, immense, où je suis en train de passer la nuit (à l'origine gratuit, comme le British Museum) : *Vraiment impressionnant*, a-t-on commenté, *peut-être pouvons-nous vous prêter les marbres pour quelque temps.* Et face au refus d'Athènes : *On voit bien alors qu'ils ne les veulent pas, ces marbres.*

Curieuse cette idée de prêter les marbres de Phidias à la Grèce qui les a produits. C'est comme si quelqu'un me volait mon vélo et qu'une fois démasqué, il refusait non seulement de me le rendre, mais s'arrogeait même le droit de me le prêter à l'heure qui lui conviendrait le mieux.

Au moment où j'écris, la direction du British Museum n'a pas pris de résolution concernant la restitution des marbres du Parthénon, bien qu'elle soit réclamée à grands cris non seulement par les Grecs mais aussi par l'Unesco.

La propriété anglaise des marbres est jugée indiscutable et l'opération de lord Elgin parfaitement légale, fondée sur le firman en sa possession.

L'hypothèse envisagée d'exposer des reproductions en 3D de la frise, parfaites au point d'en sembler presque vraies, a été rejetée par les deux parties.

Dans une interview récemment donnée au *Times*, le vice-directeur du musée londonien s'est dit ouvert à la possibilité d'un prêt, selon des termes et des délais fixés par l'Angleterre. Mais la Grèce se montre réticente face à toute action impliquant la reconnaissance de la propriété anglaise des marbres.

On voit bien que je suis une personne faible. J'ai une certaine disposition pour les raccourcis, les mensonges, l'imposture. Car le prêt des marbres, je l'aurais peut-être accepté.

Cependant, une fois les marbres arrivés à Athènes, une fois réunie à ces marbres abîmés face à moi, je ne suis pas sûre que j'aurais eu la force de les rendre. De faire parcourir à la frise de Phidias, une seconde fois, l'aller sans retour depuis la Grèce.

Prendre ou laisser, garder ou rendre. Dire la vérité ou continuer de mentir.

Cette nuit, cette histoire de marbres du Parthénon me semble moins un problème artistique qu'une vocation à l'infortune.

Il s'agit du syndrome de l'imposteur, cela me paraît évident.

Il y a comme un dysfonctionnement dans l'estime que j'ai de moi-même, et dans l'éternelle lutte entre le blanc et le noir, entre les bons et les méchants, je serais un honnête Lapithe comme ceux qui se trouvent devant moi, mais qui se prendrait pour un centaure bestial. Au lieu de se battre contre l'ennemi, il se bat contre lui-même.

Le reconnaître ne m'est d'aucun secours, ne m'apporte aucune consolation. Cela ne m'aide nullement dans mon effort quotidien pour cacher aux autres mes jambes de cheval et ma queue toute salie.

Imposture est un mot terrible, du latin tardif *imponere*, « faire croire » : il implique une action précise, un abus criminel de la crédulité des autres, qui ne bénéficie ni des circonstances atténuantes du mensonge prononcé dans un élan d'émotion, ni de la légèreté d'une tromperie avancée avec de bonnes intentions. L'imposture est le fruit d'une application tenace et épuisante, préméditée et chirurgicale ; c'est l'effort constant pour échafauder une histoire et mettre tout en œuvre pour s'y tenir, aussi fausse ou absurde soit-elle.

À la différence des mensonges créés dans un moment de déséquilibre, l'imposture demande une constance et une opiniâtreté telles qu'il serait extraordinairement plus facile, et beaucoup moins fatigant pour celui qui en est prisonnier, d'agir en s'en tenant à la réalité plutôt qu'en l'inventant. Exception faite du cas désespéré de celui qui a deux familles dans deux villes différentes, ou bien de qui prétend chaque matin aller au travail mais va se promener, l'effort de raturer et de corriger constamment la réalité comme si c'étaient des épreuves à relire est épuisant et mène à la folie.

Ou à l'assassinat du seul témoin de la médiocrité de l'histoire.

Il m'est toutefois rassurant de savoir que ce n'est pas grave : on ne meurt pas du syndrome de l'imposteur, dans le pire des cas on finit en prison.

Malgré sa résonance sinistre, le mot « syndrome » ne désigne pas une maladie, mais seulement la corrélation de symptômes et de situations imputables à une même anomalie. La bonne nouvelle est donc que le syndrome de l'imposteur n'est ni de la schizophrénie ni de la bipolarité ; la mauvaise est que le risque de développer une pathologie mentale est très élevé.

Tant pis.

Cette nuit au musée de l'Acropole, comme tant d'autres nuits avant celle-ci, je suis trop fatiguée pour faire le procès de mon enfance à la recherche de telle phrase maladroite de ma mère ou de mon père qui aurait abîmé ma confiance en moi, lui infligeant ainsi une croissance fragile et tordue tel un rameau biscornu, au lieu du développement harmonieux qui m'aurait permis, face aux belles choses de la vie, de bomber le torse et de dire : je le mérite.

Je me contente de diviser le monde en deux catégories : ceux qui, face à un problème, pensent que tout est la faute du problème en question – j'ai raté l'examen parce qu'il était trop difficile, il m'a quittée parce qu'il ne me mérite pas. Et ceux qui pensent être le problème lui-même – j'ai raté l'examen parce que je n'ai pas le niveau, il m'a quittée parce que je ne le mérite pas.

J'appartiens incontestablement au second groupe de malheureux embarqués sur le même navire, à prendre la mesure de l'irréparable.

De cette chose atroce : le gâchis.

*

J'ignore à quelle catégorie appartenait lord Elgin, mais le profil d'un homme qui, d'une façon ou d'un autre, se jugeait digne de posséder les marbres du Parthénon m'autorise à imaginer que son estime de soi n'était pas très entamée. Du moins jusqu'à la première manifestation de la colère d'Athéna qui s'abattit sur lui à peine eut-il quitté Constantinople en janvier 1803.

Bien décidés à profiter de la vie en Europe après ces années en Turquie et avant de rentrer à Londres, Elgin et son épouse se mirent en route pour Rome, Marseille et enfin Paris. Toutefois, la paix entre l'Angleterre et la France signée à Amiens en 1802 ayant déjà été reléguée à l'histoire ancienne, la guerre éclata de nouveau en mai 1803 et Napoléon donna l'ordre d'arrêter tout Britannique appartenant à l'armée encore présent sur le territoire français : à peine arrivé à Paris, victime de la rancœur de Bonaparte, Elgin fut fait prisonnier sur parole en tant que diplomate.

Le séjour français du couple devait durer quelques mois, mais il se prolongea pendant trois ans, jusqu'au mois de juin 1806. La captivité fut certes vécue comme un traumatisme et un déshonneur, mais la vie de lord et lady Elgin en France ne fut en réalité pas si désagréable, installés d'abord à Paris à l'hôtel de Richelieu, puis dans le Sud-Ouest avec pour seule obligation de se présenter à la police de temps en temps. Le couple passa plus d'un an entre Pau et Barèges, une station thermale à la mode au pied des Pyrénées, où la vie mondaine et cosmopolite rythmée par les fêtes, les parties de whist et les concerts n'était finalement pas si différente de celle qu'ils menaient à Constantinople. Ce fut au cours d'une réception qu'Elgin eut le plaisir de faire la connaissance du comte de Choiseul-Gouffier, ex-ambassadeur de France à Constantinople et son précurseur dans l'agression faite au Parthénon. Elgin le trouva intelligent et *charmant**, bien qu'obsédé par l'idée de récupérer sa collection de marbres restée à Athènes. Elle aussi, ironie du sort, finit à Londres lorsque le navire dirigé vers Toulon à bord duquel elle était transportée fut intercepté par les Anglais.

À ce moment précis la malédiction jetée par la déesse Athéna contre Elgin pour avoir profané son temple commença à se manifester dans toute sa dimension tragique.

À l'automne 1803 et l'hiver 1804 l'ex-ambassadeur fut mis aux arrêts pendant quelques semaines, d'abord à Lourdes puis à Melun, sous un prétexte administratif obscur, peut-être en rapport avec les marbres du Parthénon, et séparé de sa femme, qui préféra s'installer à Paris pour tenter d'intercéder auprès de la cour de Napoléon.

En 1805, William, le quatrième enfant du couple,

né en France, mourut de maladie à l'âge d'un an et lady Elgin, déjà enceinte de leur cinquième enfant, perdit la raison. Elle fut soutenue dans ce moment de désespoir par un jeune ami de la famille, un riche Anglais célibataire qui intervint auprès de Napoléon pour lui obtenir l'autorisation d'aller à Londres enterrer son enfant. Il l'accompagne et, neuf mois plus tard, ils étaient devenus amants ; Mary Nisbet se hâta de se débarrasser de son titre de lady Elgin et de demander le divorce ainsi qu'une pension substantielle, provoquant un scandale qui fit couler beaucoup d'encre dans les journaux anglais.

Sa femme partie, restaient à Elgin l'ambition politique – c'était toujours un quadragénaire au zénith de sa carrière diplomatique – et la fortune familiale, mais Athéna détruisit impitoyablement ces deux consolations avec le même acharnement que l'ambassadeur avait mis à détruire ses marbres.

Rentré à Londres en juin 1806, Elgin n'obtint aucune reconnaissance pour son rôle à Constantinople : tous les honneurs qu'il briguait lui furent refusés l'un après l'autre et il perdit même le siège à la Chambre des lords qu'il occupait depuis plus de quinze ans. Malgré toutes ses demandes, aucune charge politique ne lui fut proposée et il se trouva relégué dans les brumes de la campagne anglaise avec le préfixe *ex* pour toute décoration – ex-mari, ex-ambassadeur – à contempler les ruines auxquelles sa vie s'était réduite.

Il lui restait tout de même les marbres du Parthénon, dut-il penser, même s'il ne les avait encore jamais vus, ces marbres qui lui avaient coûté si cher.

Face au vide de ce musée, cette histoire me paraît inconcevable, obscène : une fois à Londres, le sort des marbres sculptés par Phidias ressemble bien davantage à celui des gros cartons de déménagement du voisin qui encombrent le palier commun qu'au destin glorieux d'un trésor enfin retrouvé.

Pendant les trois années en France d'Elgin, les marbres provenant de Grèce par bateau furent livrés chez sa mère – combien de fois mon père a dû faire la même chose, recueillir les débris et les fragments rescapés de l'un de mes naufrages sentimentaux. Mais cinquante caisses remplies de marbre pentélique ne peuvent certes pas être mises à la cave en attendant que leur destinataire vienne les chercher : ne sachant qu'en faire, la mère d'Elgin les mit dans le jardin du duc de Richmond, à côté de Westminster, où ils passèrent trois hivers anglais exposés aux intempéries comme de vulgaires nains de jardin, et non comme le chef-d'œuvre de Phidias.

Abandonné de sa femme et de la politique, lord Elgin était impatient de récupérer au moins les marbres auxquels il avait tout sacrifié et de louer une maison suffisamment grande pour les accueillir, mais le préjudice économique dû à son ambition frôlait la catastrophe : les frais couvrant le séjour des artistes et des ouvriers à Athènes pendant plus de trois ans et demi, l'acquisition du navire naufragé, le *Mentor*, et les opérations pour embarquer et débarquer les marbres, sans compter le transport des cinquante caisses, avoisinaient les quarante mille livres sterling de l'époque, l'équivalent de plusieurs millions d'euros actuels. Certes, Elgin avait reçu à Constantinople nombre de cadeaux, pierres précieuses et diamants, mais la plus grande partie de la fortune accumulée en Turquie fut tout aussi rapidement engloutie dans les cadeaux qu'il avait dû faire à son tour aux fonctionnaires locaux pour poursuivre ses intérêts ainsi que dans les frais de représentation monumentaux de l'ambassade, à l'époque entièrement à la charge des diplomates. De plus, les artistes à son service à Athènes demandaient beaucoup et produisaient peu : Lusieri notamment – en cause un alcoolisme marqué et un penchant irrépressible pour les femmes et le jeu – ne parvint à terminer presque aucun de ses dessins, tandis que les autres se contentaient d'envoyer à Londres quelques vues de l'Acropole.

En quelques mois, Elgin se retrouva sur la paille. Il fut contraint de vendre presque tous les meubles de sa demeure à Broomhall et de congédier le personnel pour se retirer, seul, dans quelques pièces chichement meublées. Incapable de payer ceux qui avaient accompagné sa délégation en Turquie, il fut abandonné de tous, même du révérend Hunt si zélé, qui, resté sans salaire, ne lui adressa plus jamais la parole.

Il fut, pour finir, frappé d'une maladie cruelle, une sorte de gangrène qui le défigura, faisant tragiquement ressembler son profil à celui des statues antiques auxquelles l'oubli et la barbarie avaient tranché net le nez. Quelques mois plus tard, dans ses vers indignés, lord Byron voyait dans cette terrible maladie d'Elgin le signe manifeste de la colère d'Aphrodite empêchant l'ambassadeur de trouver grâce aux yeux d'aucune femme.

Si les intentions se mesuraient à l'aune de ce que l'on est disposé à perdre, il faut reconnaître qu'Elgin, au nom des marbres, accepta de tout perdre, même sa santé.

En une réaction extrême face au destin, l'ex-ambassadeur décida de perdre davantage encore : en juin 1807 il se couvrit de nouvelles dettes afin de louer une grande maison avec jardin à l'angle de Piccadilly et de Park Lane, bien décidé à y emménager seul avec ses marbres.

Il lui fallut presque six mois pour ouvrir les caisses et libérer les marbres de leurs emballages, mais il put enfin regarder dans les yeux ces centaures et ces Lapithes, ces cavaliers et ces jeunes filles dont les membres coupés, restés à Athènes, sont cette nuit sous ma garde.

Si ce n'était pas l'histoire bien anglaise des marbres du Parthénon, ce serait une tragédie grecque. Elgin avait entassé les ruines de la Grèce dans moins de deux cents mètres carrés : sculptures, inscriptions, colonnes et chapiteaux étaient empilés en cercle les uns sur les autres, sans la moindre intention de former une composition cohérente. Au centre se dressait la Caryatide, orpheline, avec les fragments de frise tout autour, rangés par taille du plus grand au plus petit, les têtes de chevaux et les bustes de guerriers accumulés dans un coin comme des mannequins en pièces détachées.

Pendant longtemps Elgin refusa de sortir de son entrepôt, du ventre profané de l'Antiquité.

Qui peut dire si les ruines qu'il contemplait en silence étaient celles d'Athènes ou bien de sa vie ?

Qui peut dire s'il pensa ne fût-ce qu'une seule fois que cela en avait quand même valu la peine ?

*

Je ne suis pas la première, je ne serai certainement pas la dernière.

Afin d'échapper à un destin barbare et inutile, l'Europe entière a fait et continue de faire comme moi, en se proclamant depuis plus de deux mille ans l'héritière et la dépositaire légitime de la culture grecque.

Puisons à pleines mains dans la Grèce pour éviter de reconnaître que nous descendons de gens ignorants et sans mémoire, et que tel est le destin qui nous est assigné : disparaître comme le halo laissé par le souffle de celui qui meurt seul.

Les racines culturelles dont nous prétendons être le fruit, tout comme le monde tordu que nous habitons, ne sont pas les nôtres, mais nous avons désespérément besoin de le croire.

Et lorsque la Grèce, à juste titre, nous le fait remarquer – lorsqu'elle me le fait remarquer, comme hier soir dans le regard écarquillé des gardiens de musée, incapables de croire que ce privilège immérité me soit accordé à moi –, nous sommes piqués au vif. Avec un profond mépris, nous objectons que non, ce sont eux, les Grecs, Phidias, Périclès et les autres, qui ne sont pas à la hauteur, descendants d'une histoire périphérique et malheureuse qui a besoin d'aide et de protection.

Nous nous improvisons alors colonisateurs et gardiens, nous prenons à la Grèce idées, marbres et idéaux à exposer dans nos beaux musées et nos bibliothèques, nous mentons à nous-mêmes et aux autres jusqu'à nous convaincre qu'ils nous appartiennent. Ils sont à nous, martelons-nous, inutile alors de nous abaisser à dire merci.

Et lorsque la Grèce ose redresser l'échine, avec toute l'arrogance de notre imposture occidentale, nous la remettons à sa place, à genoux, en la persuadant que c'est elle, la génitrice de l'Antiquité, qui n'est pas à la hauteur. Qui ne mérite que l'aumône et la pitié.

Le nain persuade le géant qu'il est trop petit, et ce dernier finit par le croire.

Le barbare traite le Grec d'ignorant et, deux mille ans plus tard, ce dernier, épuisé, finit par lui donner raison.

Depuis toute jeune, je me suis toujours étonnée qu'Athènes, la ville la plus importante de l'Antiquité classique, ait choisi une divinité féminine pour protectrice.

Dans les mystérieux *Hymnes orphiques*, Athéna était appelée la « déesse de la sagesse » pour les hommes de bien, mais celle « qui suscite la folie et la guerre » pour les hommes mauvais.

L'identité du méchant dans cette histoire de marbres volés ne fait de doute pour personne. Ce qui me semble incroyable, et terriblement habile, est la manière dont Athéna abattit sa furie impitoyable sur le pauvre Elgin : le châtiment ne surgit nullement de la poussière laissée à Athènes par les marbres déplacés à Londres. Mais ce fut bel et bien d'Angleterre que parvint la disgrâce fatale : la malédiction de Minerve fut portée par le nom et les rythmes poétiques de lord Byron.

« Lord Elgin pourra se vanter d'avoir ruiné Athènes[1] », écrivait Byron en 1810 dans les notes

1. Lord Byron, *Le Pèlerinage de Childe Harold*, chant II, note 6, trad. Paulin Paris, *op. cit.*, p. 99.

préparatoires au *Pèlerinage de Childe Harold*. Les événements de ces quelques années sous le soleil grec et la brume anglaise ont tout du prodige, car c'est un véritable miracle qui s'est produit grâce aux vers de lord Byron : la Grèce humiliée et pillée par l'Angleterre reçut dédommagement du plus célèbre des poètes anglais, si bien qu'il faut chercher dans les vers indignés de Byron l'étincelle qui mit le feu aux poudres de la révolte et de l'indépendance grecque en 1821.

Il en va toujours ainsi, me dis-je à présent face à une sculpture de la frise occidentale où un jeune soldat caresse avec tendresse la crinière de son cheval, les jambes levées dans sa course comme s'il volait. La souffrance est thérapeutique, ce qui ne tue pas rend plus fort et chaque blessure est la condition nécessaire à une guérison plus en profondeur. C'est du moins ce que l'on dit.

La vie ne s'écrit pas avec des caresses, mais à coups de balafres. Ce sont les pages arrachées avec rage qui marquent le plus notre biographie.

Il faut s'incliner avec reconnaissance devant le malheur, pour faire de la douleur un maître et un guide. Parce qu'il en va de la vie comme du Parthénon, peu importe ce que nous perdons. Ce qui compte, c'est ce que nous faisons de cette perte.

Mais il faut avant tout nous rendre compte que nous avons perdu quelque chose.

En ce domaine, la poésie de Byron produisit sur l'esprit blessé des Grecs l'effet du soleil sur un champ rouge de coquelicots après des jours de pluie battante : ils redressèrent d'un coup la tête. Après des siècles d'humiliation, ils commencèrent enfin à demander des comptes et à réclamer justice pour tout ce qui avait été perdu et dérobé.

Cela peut sembler paradoxal, et ça l'est : avec lord Elgin, l'Angleterre venait d'emporter les marbres de Phidias pour ne jamais les rendre. Mais l'Angleterre devait céder à la Grèce le plus romantique de ses poètes, lord Byron, qui, en dénonçant précisément le vol de ces marbres, devait la conduire vers la liberté, et mourir en son nom.

*

Lors de son premier voyage à Athènes en 1811, Byron écrivit un poème prophétique intitulé « La malédiction de Minerve ». Il avait l'intention de le publier dès son retour à Londres, mais pour des raisons inconnues sa sortie fut reportée (peut-être par l'intervention de lord Elgin lui-même, qui avait imploré Byron à plusieurs reprises) ; il continua néanmoins à circuler dans les milieux intellectuels sous la forme d'exemplaires non autorisés et non signés de l'auteur.

Hier soir au coucher du soleil, j'ai vécu la même scène décrite par Byron dans l'incipit de « La malédiction de Minerve » : la nuit descend sur Athènes et le poète se retrouve seul à contempler les vestiges mutilés du Parthénon, à réfléchir sur l'avidité humaine et la mélodie des choses.

Ce ne sont pas le passé et ses lacunes qui apparaissent à Byron, mais Minerve en personne. Son image spectrale est toutefois très différente de celle de la déesse guerrière et sagace à laquelle les Grecs avaient dédié la construction du Parthénon : Athéna a l'air d'un naufragé, son péplos est en guenilles, son visage est fatigué, sa lance brisée, son armure cabossée. Ce n'est pas un cri de guerre qui sort de la bouche de la déesse, mais un hurlement de rage féroce : « Veux-tu savoir le motif de ces mépris ? Jette les yeux autour de toi[1] » rugit Athéna, désignant à Byron les ravages infligés à son temple par lord Elgin.

La malédiction que la déesse profère contre Elgin et toute sa descendance est aussi implacable qu'une tragédie antique : « Que tous ses fils soient aussi stupides que leur père, et qu'il n'y ait pas en eux une seule étincelle d'intelligence ; si l'un d'eux s'avise d'avoir de l'esprit et de faire rougir la race paternelle, c'est un bâtard, issu d'un sang plus généreux : qu'il continue ses bavardages avec ses artistes mercenaires, et que les éloges de la Sottise le dédommagent de la haine de la Sagesse ; qu'ils exaltent longtemps encore le goût de leur patron, lui dont le goût le plus noble, qui lui vient du *terroir*, est un goût mercantile ; lui qui a le talent de

1. Lord Byron, « La malédiction de Minerve », *op. cit.*, p. 3.

vendre, et que ce jour honteux vive dans la mémoire de rendre l'État acquéreur de ses déprédations[1]. »

La colère d'Athéna n'épargne pas l'Angleterre à laquelle elle prédit, impitoyable, famines, crises politiques et économiques, soulèvements populaires et défaites sur tous les champs de bataille. Mais la damnation suprême est réservée à Elgin qui, comme Érostrate, l'incendiaire du temple d'Artémis à Éphèse, sera maudit pour l'éternité : « honni durant sa vie, et sans pardon pour ses cendres ».

Je ne suis pas particulièrement croyante, mais je suis quelqu'un d'enclin à la spiritualité.

Je crois aux signes, à l'intelligence irrationnelle du pressentiment et de la sensation. Je crois en la vie, ne serait-ce que pour l'obliger à poursuivre son cours.

Relire à présent, à 3 heures du matin au musée de l'Acropole, ces vers de Byron est peut-être le pire sacrilège que j'aie jamais commis. Face aux pierres du Parthénon, c'est moi qui suis là cette nuit et non lord Byron, mais Athéna ne m'est pas apparue à l'instar de l'une des nombreuses Madones du pays d'où je viens. Pas un signe, pas un frémissement auquel je pourrais me raccrocher pour me sentir si ce n'est bienvenue, du moins pardonnée.

Mais cette nuit j'ai l'impression que « La malédiction de Minerve » s'adresse à moi et à personne

---

1. *Ibid.*, p. 5.

d'autre, à moi qui éprouve à l'égard de cet ambassadeur maudit un sentiment de pitié tel que j'en ai rarement ressenti envers un personnage historique.

Je l'aurais tant voulu, mais je comprends à présent que dans cette histoire de marbres volés mon rôle ne sera jamais celui de Byron et mes pages ne dédommageront jamais la Grèce à l'égal de sa poésie.

Cette nuit, face au Parthénon, je ne suis que l'énième descendante d'Elgin qui a cru pouvoir bâtir sa vie sur les cendres du monde antique dans le seul but de vendre : que ce soient des marbres ou des livres, j'ai l'impression que cela n'a aucune importance.

Maudite je suis, maudite je reste.

*

Ironie ou ultime supplique du destin : en 1811 lord Byron rentra d'Athènes en Angleterre en passant par Malte à bord de l'*Hydra*. Et alors même que le poète composait les vers féroces de *La malédiction* sur le pont, les derniers marbres du Parthénon subtilisés par les ouvriers d'Elgin voyageaient dans la soute.

En mars 1812, le chef-d'œuvre de Byron, *Le Pèlerinage de Childe Harold*, fut publié à Londres, sa première édition fut épuisée en trois jours, devenant le premier best-seller de la littérature moderne et faisant de son auteur une célébrité aussi controversée et adulée qu'Andy Warhol ou David Bowie.

Dans *Le Pèlerinage de Childe Harold* il n'y a qu'une

seule attaque virulente contre un individu qui est évidemment lord Elgin. Lorsque le héros romantique arrive à Athènes, la vue des ruines du Parthénon provoque en son cœur une profonde colère contre le responsable du massacre et une pitié sincère envers les Grecs, « trop faibles pour en défendre le sanctuaire[1] ».

En l'espace de quelques mois, les vers de Byron, lus et traduits dans toute l'Europe, rendirent la parole aux marbres volés par Elgin – qui gisaient encore entassés dans leur hangar à Piccadilly – et suscitèrent une prise de conscience générale, presque un réveil en sursaut après un sommeil collectif qui aurait duré trop longtemps.

Le débat changea radicalement de perspective. Il ne s'agissait plus de discussions savantes autour de l'authenticité des statues, souvent remise en question à cette époque, ou de leur restauration, pour laquelle on contacta le Phidias moderne en personne, Canova (qui refusa, fort heureusement, par respect et par humilité). Les nerfs à vif, l'opinion publique exigeait à présent de savoir de quel droit Elgin avait arraché les œuvres les plus importantes de l'Antiquité à un peuple affaibli mais fier, en les détachant à grand renfort d'outils d'un monument qui se dressait, intact, depuis plus de deux mille ans sur l'Acropole.

Aucune discussion sur les marbres d'Elgin ne pou-

---

1. Lord Byron, *Le Pèlerinage de Childe Harold*, chant II, XII, éd. Manifeste, *op. cit.*, p. 145.

vait désormais faire abstraction des vers indignés de lord Byron. Se constituèrent rapidement des sociétés de riches philhellènes qui demandaient la restitution des marbres et la réparation de l'honneur bafoué de la Grèce, et, Byron étant l'intellectuel le plus en vogue dans l'Europe romantique, attaquer Elgin avec virulence devint par conséquent l'occupation à la mode.

Tout voyageur de retour de Grèce ne pouvait couper à la dénonciation du scandale perpétré par les voleurs d'antiquités et à celle de la vulgarité qu'il y avait à humilier une nation déjà éprouvée par l'Histoire. Critiquer Elgin devint une sorte de carte postale obligatoire pour tous ceux qui mettaient le pied à Athènes, peu importait si ces preux défenseurs de l'intégrité de l'Antiquité rentraient ensuite en Europe avec des fragments de vases ou des sculptures grecques dans la valise. D'aucuns prétendus témoins se mirent à attaquer Elgin depuis le confort du canapé de leur salon, sans se donner la peine d'aller jusqu'à Athènes ; parmi les voyageurs français, l'indignation se mêlait au regret de ne pas voir toutes les sculptures au Louvre.

Les noms « Elgin » et « Mary Elgin », que le couple alors amoureux avait gravés sur l'une des colonnes du Parthénon, furent pointés du doigt comme une illustration de la barbarie et rageusement effacés, tandis que l'on préféra ignorer le nom de Byron inscrit sur l'une des colonnes du temple de Poséidon au cap Sounion, visible encore aujourd'hui. Entre-temps, par opposition à la beauté du Parthénon *opus Phidiae*, « œuvre de Phidias », l'amère inscription *opus Elgin*, « œuvre d'Elgin », fut gravée sur la grossière colonne de brique que les hommes de main de l'ambassadeur anglais avaient mise à l'emplacement de la Caryatide expédiée à Londres.

Ainsi, c'est de l'indignation suscitée par les marbres dérobés à la Grèce que naquit le mouvement appelé philhellénisme qui se renforça à travers toute l'Europe, embrassant, telle une fleur aux pétales disparates, les revendications les plus diverses : depuis le droit à l'autodétermination des peuples à la lutte contre la monarchie, de la nostalgie napoléonienne aux idées les plus libérales, jusqu'à la volonté sincère de rembourser les dettes contractées depuis plus de deux millénaires auprès de la Grèce.

« Si je tombe, je tomberai avec gloire, combattant une armée », déclara lord Byron qui fut une incarnation presque mystique du philhellénisme. Lorsque la guerre d'indépendance grecque finit par éclater en 1821, tandis que les gouvernements européens, miraculeusement mus par ce qui n'était au départ que de la poésie, s'activaient pour envoyer armes et soldats, Byron se rendit en Grèce en personne, chargé par le Comité philhellène de Londres de porter secours au peuple soulevé contre l'usurpateur.

Il débarqua à Missolonghi le 5 janvier 1824, bien décidé à monter une armée de cinq cents hommes dans laquelle il investit une grande partie de sa fortune. Après quatre mois chaotiques, le poète serait mort à l'âge de trente-six ans, le jour de Pâques, le 19 avril de la même année, non sur le champ de bataille mais de la malaria.

Le sacrifice de Byron sur la terre fière de Missolonghi devint dans toute l'Europe le symbole du philhellénisme et des larmes d'un peuple enfin libre et vengé.

Ce fut ainsi que, grâce à la poésie de Byron, la Grèce reçut, du moins partiellement, dédommagement de l'humiliation causée par l'amputation des marbres.

*

Avant que l'orgueil grec ne se transforme en révolte, Athènes et l'Attique tout entière étaient réduites à un bazar à ciel ouvert : visiteurs et émissaires des gouvernements européens et des familles royales se disputaient à grand renfort de cadeaux et de corruption les vestiges archéologiques.

Sur les pentes de l'Acropole flottaient deux drapeaux, l'un français et l'autre anglais. Ils indiquaient les demeures de Fauvel et de Lusieri, les artistes-hommes de main des ambassadeurs Choiseul-Gouffier et Elgin, restés à Athènes pour coordonner le trafic des œuvres d'art vers l'Europe.

Toutefois, dans cette atmosphère mercantile où les

Turcs tiraient de faramineux profits de ce qui n'était pour eux que de vieilles pierres et où les Occidentaux remplissaient collections publiques et privées de trésors inestimables, émergeait pour la première fois depuis des siècles un point de vue entièrement grec. D'une certaine manière, la conscience hellène et le sentiment d'appartenance culturelle des Grecs ressurgirent au beau milieu de la fumée désespérée qui s'élevait du champ de ruines laissé à Athènes.

Comme secoués de l'amnésie collective imposée par la domination ottomane, ils se mirent à réclamer un rôle actif dans les campagnes de fouilles conduites sur *leur* terre à la recherche de *leurs* œuvres. Las d'être les témoins séculaires de la domination étrangère, ils commencèrent à considérer l'art et la culture grecs comme un produit de leur civilisation à défendre à tout prix. Il ne s'agissait pas seulement de défendre leurs sculptures et leurs œuvres d'art des pilleurs étrangers : tel le phénix, la langue et la littérature antiques dont la connaissance avait presque disparu durant les siècles de domination turque ressurgirent des marbres brisés (il paraît que durant les années où Elgin se trouvait à Athènes, il ne restait qu'un vieillard pour tout gardien du grec ancien).

Byron prit en premier la défense des Grecs et témoigna une solidarité sincère : « Mais, au nom de Némésis ! Pour qui doivent-ils avoir de la reconnaissance ? Où est la créature humaine qui a jamais accordé un bienfait à un Grec ou aux Grecs[1] ? » écrit-il, demandant aux Européens agacés si les Grecs devaient remercier les Turcs de les avoir privés de leur liberté ou féliciter les Français et les Anglais d'avoir emporté leurs œuvres.

Les marbres et monuments exposés dans les musées européens, loin des vents grecs au parfum de résine, ne constituent qu'une petite partie de ceux qui disparurent durant ces années de folie dévastatrice occidentale. Une quantité considérable de sculptures et de fragments furent dérobés et engloutis dans le trou noir de l'Histoire ; il est aujourd'hui impossible de réclamer justice pour eux comme pour la victime dont le meurtrier a fait disparaître le cadavre.

Quelques années plus tard, en 1821, les Grecs entreprirent une guerre désespérée pour recouvrer leur dignité, en chassant les Turcs afin de retrouver leur place d'honneur parmi les nations européennes.

Dès les premiers jours de l'indépendance obtenue par le sang et par l'âme, la Grèce se consacra à la protection de son patrimoine archéologique avec une ardeur digne d'Antigone, déterminée à donner une sépulture au corps de son frère jeté en pâture aux chiens.

1. Lord Byron, *Le Pèlerinage de Childe Harold*, chant II, Appendice, addition à la note 33, trad. Paulin Paris, *op. cit.*, p. 122.

*

« Vous autres Anglais, vous emportez les œuvres des Grecs, nos ancêtres – conservez-les bien : un jour, nous autres Grecs, nous viendrons les réclamer ! » Telle est, dit-on, la prédiction que fit à l'époque un intellectuel grec à un ami de lord Byron.

Et si cette nuit, au musée de l'Acropole, la Grèce réclamait ce qu'elle m'a donné toutes ces années durant, que me resterait-il ? Pas grand-chose.

Mon travail, mon appartement, ma réputation, les amis que j'ai rencontrés grâce à mes livres, ma manière d'ordonner le monde, et même mes pensées. Si la Grèce reprenait ce qu'elle m'a généreusement offert, il ne me resterait rien.

Ce serait la faillite de tout ce que je suis.

J'ai finalement cédé à la fatigue et me suis allongée sur le lit de camp. Je m'aperçois que j'ai oublié d'apporter une couverture et un oreiller, je n'ai rien pour protéger mon corps du regard de la nuit et des marbres de l'Acropole.

Afin de me concilier le sommeil, je me mets à compter non des moutons, mais mes dettes envers le peuple grec.

Ce n'est pas le confort matériel que je redoute le plus de perdre si la Grèce rend son verdict d'expropriation.

C'est bien plutôt cette chaleur âcre qui émane de

chacune de ses pierres pour réconforter les hommes face à leur destin.

Ce sentiment d'humanité que nous cherchons tous laborieusement à définir sans jamais y parvenir.

Je n'ai jamais compris d'où provient la valeur. Si elle provient de l'intérieur ou de l'extérieur de nous-mêmes.

Il fut un temps lointain où ces métopes et ces frises dont je distingue à peine les ombres dans la nuit valaient plus que tout ; ce fut pendant ce siècle parfait et à jamais unique, le Ve siècle avant J.-C., où elles furent sculptées par Phidias et offertes par Périclès à la cité en l'honneur de sa déesse protectrice, Athéna. À l'instar de tout ce qui est nouveau, leur valeur a tôt fait de décroître, passant de l'habitude à l'oubli, à mesure que décroissait la vigueur du monde classique qui les entourait, devenu d'abord hellénistique puis simplement antique, c'est-à-dire vieux.

Pendant un millénaire, la valeur des marbres du Parthénon a frôlé l'indifférence et l'oubli, livrés à la négligence au sommet de l'Acropole comme le vestige d'un temps révolu dont on ne ressent même plus la nostalgie. Si à l'époque de l'occupation ottomane les sculptures de Phidias ne valaient pas plus que n'importe quelle pierre brute à fleur de terre, leur intérêt recommença à croître à la fin du XVIIIe siècle avec l'arrivée de touristes européens disposés à payer pour les emporter. Et si, à la veille de la révolution grecque de 1821, le prix d'un fragment de Parthénon à peine plus grand qu'un caillou au fond d'une chaussure était désormais très élevé, combien pouvait alors valoir la collection d'Elgin qui attendait patiemment de connaître son sort dans la poussière et l'humidité d'un hangar derrière Piccadilly ?

Comment estimer le prix de quinze métopes, dix-sept statues provenant des frontons et soixante-quinze mètres de frise du Parthénon sculptés par l'école de Phidias et stockés dans un jardin londonien ?

J'ai le vertige rien qu'à y penser.

Cher, exorbitant, astronomique, aurais-je répondu si on m'avait posé la question.

Pas beaucoup, jugea l'Angleterre.

Ainsi, après avoir été mutilé, défiguré, torturé et déporté, le Parthénon devait encore s'entendre dire qu'il ne valait pas assez.

Qu'au fond il n'était pas à la hauteur.

*

Étranglé par les dettes, Elgin s'était résigné à vendre sa collection de marbres antiques au gouvernement anglais : il ne pouvait plus se permettre de les exposer au public sans contrepartie financière et la reconnaissance tant espérée du gouvernement anglais pour sa mission n'était jamais arrivée. Dès 1810 l'ex-ambassadeur avait engagé des négociations, qui tournèrent court lorsque le Parlement lui eut proposé trente mille livres, moins de la moitié des sommes dépensées par Elgin pour faire parvenir les œuvres de Phidias à Londres.

En 1814, sitôt après l'abdication de Napoléon, Elgin se reprit à nourrir l'espoir de vendre les marbres au gouvernement anglais, afin de redresser, du moins en partie, ses finances et son honneur. On aurait pu imaginer – j'aurais imaginé – que tout le peuple anglais et toute la famille royale seraient tombés à genoux face au spectacle glorieux des sculptures du Parthénon. La réaction de l'opinion publique devant ces chefs-d'œuvre fut au contraire mitigée : ceux qui ne méprisaient pas Elgin et ses agissements dans le sillage de l'indignation suscitée par lord Byron hésitaient à reconnaître la valeur inestimable des marbres jugés certes beaux, mais point sublimes. Dans le monde savant, nombreux furent ceux qui, par jalousie plus que par ignorance, mirent en doute l'authenticité des sculptures ou du moins les considérèrent en deçà des œuvres antiques retrouvées à Rome, comme l'Apollon ou le torse du Belvédère.

Le cœur et l'orgueil en morceaux, Elgin était prêt à tout pour voir la beauté des marbres du Parthénon enfin reconnue en Angleterre, mais les articles et les pamphlets qu'il publia ne firent qu'empirer les choses.

Si Londres ne se fiait pas à ses dires, elle serait obligée de croire les plus grands spécialistes d'art en Europe ; c'est ce qu'il dut penser lorsqu'il sollicita l'expertise d'Ennius Quirinus Visconti et d'Antonio Canova : le premier avait dirigé le musée du Capitole à Rome avant d'accompagner à Paris les œuvres d'art spoliées par Napoléon en Italie et de devenir conservateur général du Louvre ; le second se passait de présentation. L'avis des deux artistes fut pour Elgin et pour le Parthénon un dédommagement esthétique et moral. Tous deux reconnaissaient la splendeur de la frise et des métopes dont la valeur surpassait toute autre copie romaine, et en attribuaient incontestablement la paternité à Phidias.

Le vent semblait enfin tourner en faveur d'Elgin, peut-être pour la première fois dans cette histoire de marbres et de malheurs. Bonaparte en exil, l'Europe entière ne faisait que parler d'œuvres à restituer et de musées à remplir. Le congrès de Vienne de 1815 fut formel ; il imposa à la France la restitution aux pays concernés, en premier lieu l'Italie, des plus de cinq cents œuvres spoliées par Napoléon (dont plus de la moitié manque encore aujourd'hui à l'appel). La seule puissance à se retrouver sans œuvres de renom dans ses musées était précisément l'Angleterre, qui eut soudain un regain d'intérêt pour les marbres d'Elgin – sans songer un instant à les rendre à leur pays d'origine, contrairement aux œuvres spoliées par l'empereur français. Et au moment où les artistes anglais découvraient la beauté et la valeur des marbres du Parthénon enfin exposés au public dans le hangar de Piccadilly, le prince de Bavière adressa à Elgin un chèque en blanc pour acheter l'intégralité de la collection, accroissant la nervosité du Parlement anglais, contraint à faire rapidement une offre en conséquence.

Cela semblait se dérouler au mieux pour lord Elgin, tout à la joie d'établir le premier catalogue complet de sa collection. Mais des caisses en bois où les marbres avaient été emballés jusqu'à Londres, telle une boîte de Pandore, s'échappa et se diffusa la malédiction de Minerve comme une nuée de maux et de douleur.

Le début de la fin prit la forme d'une commission parlementaire dont le but n'était plus d'évaluer la valeur économique des marbres du Parthénon, mais bel et bien de juger de quel droit, si tant est qu'il y en eût un, Elgin en avait pris possession au détriment de la Grèce.

*

Les travaux de la commission parlementaire furent inaugurés le 29 février 1816.

Elgin fut soumis à un interrogatoire qui dura deux jours. Au cours de son témoignage, l'ex-ambassadeur résuma ce qui était désormais l'histoire la plus controversée d'Angleterre, en toute franchise et simplicité :

avant de partir pour Constantinople, il lui avait été suggéré de contribuer au développement des arts anglais avec une mission en Grèce ; lorsque la Couronne avait refusé de financer le projet, il l'avait poursuivi à ses frais ; étant donné le tour précaire pris par la situation du Parthénon sous l'occupation turque, il avait demandé et obtenu un permis l'autorisant à prélever des marbres et à les mettre en sécurité à Londres. Fin de l'histoire.

Les questions de la commission portant sur la valeur légale du firman accordé par les autorités ottomanes furent insistantes, surtout parce que Elgin n'était pas en mesure de présenter un document original, ni en anglais, ni en turc, ni en grec, tous perdus selon lui, mais seulement la copie en italien. Différents témoins, parmi lesquels le révérend Hunt, soutinrent la thèse de la parfaite légalité de l'opération, mais ce qui emporta la conviction du tribunal fut, plus que la paperasse bureaucratique, le montant astronomique des dépenses dont l'ex-ambassadeur s'était accablé de son plein gré pendant presque vingt ans.

« Je n'ai pas été poussé par la recherche d'un profit personnel », se justifia Elgin, et la commission ne douta pas de sa bonne foi en voyant la longue liste des dépenses et des dettes contractées à taux d'usure dans chaque banque de Méditerranée : 74 240 livres de l'époque, l'équivalent de dizaines de millions d'euros actuels.

La défense d'Elgin face à la commission fut honorable et digne, celle d'un homme calomnié par l'opinion publique, ayant tout perdu et plus encore à Athènes. Mais elle ne fut pas jugée suffisante : les artistes anglais les plus illustres furent alors entendus afin d'estimer la valeur des marbres de Phidias, jugés à la quasi-unanimité comme les œuvres les plus belles jamais vues en Angleterre, susceptibles d'inspirer les arts pour les siècles à venir. Furent ensuite appelés en qualité de témoins oculaires les voyageurs qui avaient eu le privilège de voir le Parthénon avant et après l'intervention d'Elgin. Nombreux furent ceux qui préférèrent se focaliser sur la barbarie des Turcs plutôt que sur celle des Anglais, puisqu'ils avaient eux aussi quitté l'Acropole avec en poche des souvenirs de taille variable. Le rapport du révérend Hunt fut dénué de toute passion. Celui qui avait littéralement remis le maudit firman aux Grecs confirma les déclarations d'Elgin, du premier au dernier mot.

Naturellement aucun Grec ne fut appelé à témoigner ni même à exprimer son opinion. Étrange procès d'un présumé coupable où l'on oublie cependant d'écouter les victimes. Déterminée à évaluer la possibilité d'acheter les marbres à celui qui les avait arrachés au Parthénon, l'Angleterre n'eut jamais le tact, ne serait-ce qu'intellectuel, d'envisager une restitution des œuvres à la Grèce. La commission était trop intéressée par les agissements des Français à Athènes, se délectant de leur jalousie, pour se soucier de la sensibilité grecque ou de la légalité de ses actions.

Le verdict fut rendu quelques semaines plus tard. Il s'agissait d'un document court mais précis où était reconnue la parfaite légalité de l'opération de l'ex-ambassadeur de Sa Majesté. Rien ne s'opposait donc à la vente des marbres pour lesquels l'Angleterre était prête à payer trente-cinq mille livres, moins de la moitié des dépenses engagées par Elgin durant toutes ces années et à peine plus de la première somme proposée par le gouvernement.

Ce fut un coup très dur et une amère déception, mais Elgin n'avait d'autre choix que de courber la tête et d'accepter l'humiliation. Le Parlement vota ainsi la loi transférant à la nation anglaise la propriété des marbres du Parthénon – ainsi que la responsabilité de les avoir éloignés des hauteurs de l'Acropole.

En août, sous le soleil estival de Londres qui virait déjà à l'or de l'automne, les sculptures de Phidias furent transférées dans la salle provisoire du British Museum à laquelle on donna précisément le nom de lord Elgin.

*

« Une vertigineuse souffrance[1] », voilà ce que ressentit le poète John Keats, face aux marbres du Parthénon désormais exposés au British Museum.

---

1. John Keats, « Sur les marbres d'Elgin », in *Poèmes et poésies*, traduction précédée d'une étude par Paul Gallimard, Mercure de France, 1910, p. 87.

Lord Elgin dut éprouver la même douleur vertigineuse dans les dernières années de sa vie, passées dans l'abîme béant entre succès et damnation. D'un point de vue esthétique, sa mission en Grèce pouvait être considérée comme un triomphe : le style néoclassique était en train d'envahir chaque coin de rue à Londres avec des colonnades doriques et corinthiennes, des éléments architecturaux tirés directement du Parthénon et de l'Érechthéion et des sculptures hellénistiques de toutes formes et dimensions. Mais d'un point de vue personnel, sa biographie en était à ses dernières pages et ne laissait pas présager d'une fin heureuse.

Resté orphelin des marbres auxquels il devait sa déchéance, l'ex-ambassadeur n'avait plus rien, si ce n'est la souffrance et l'outrage. Mais cela ne suffit même pas à susciter la miséricorde de Minerve.

Des trente-cinq mille livres obtenues de la vente, plus de la moitié fut retenue à la source pour couvrir une partie des dettes, le reste suffisant à peine à régler les dépenses les plus urgentes. Les lettres, plus pitoyables les unes que les autres, qu'Elgin adressa au Parlement pour obtenir une charge rémunérée ou ne serait-ce qu'une pension, demeurèrent sans réponse. Pis, le gouvernement anglais réclama le remboursement d'une partie de son salaire perçu en tant qu'ambassadeur, le considérant a posteriori trop élevé.

Pendant ce temps, à Athènes, Lusieri, devenu un vieil homme perclus de rhumatismes, vivait toujours sur les flancs de l'Acropole grâce aux sommes versées chaque mois par Elgin depuis plus de vingt ans. Le peintre lui envoyait encore parfois quelques trésors, telle cette caisse contenant plus de six cents vases antiques. Malgré les restrictions économiques, l'ex-ambassadeur ne put jamais se résoudre à abandonner à son sort l'ami et le complice d'une vie entière, dont il espérait toujours voir les dessins, raison pour laquelle l'artiste avait été engagé plus de deux décennies plus tôt.

En 1821, Lusieri fut retrouvé mort dans sa chambre donnant sur le Parthénon. Il n'y avait à ses côtés que des bouteilles de vin vides : il se dit qu'en plus de vingt ans d'activité, Lusieri n'aurait achevé que deux dessins. Après des années de recherches difficiles, ponctuées d'un naufrage, Elgin entra en possession d'une seule aquarelle de Lusieri qui, ironie du sort, représentait le moins intéressant des monuments antiques d'Athènes.

En 1821, lord Elgin retrouva aussi son ennemi juré, lord Byron (qu'il n'aurait cependant jamais rencontré en personne) : la Grèce les unit à nouveau dans la même histoire, du même côté cette fois, puisque Elgin comme Byron furent parmi les premiers à adhérer au philhellénisme anglais.

Enfin, celui qui avait exilé les marbres loin d'Athènes fut lui-même contraint à l'exil : Elgin passa les dernières années de sa vie en France où il s'était réfugié pour fuir ses créanciers. Il mourut seul, en disgrâce, à Paris en novembre 1841.

Et comme dans toute tragédie qui se respecte, les fautes rejaillirent sur ses enfants, contraints à payer pendant plus de trente ans les dettes contractées par leur père pour prendre possession des marbres du Parthénon.

*

Nous voici à la fin de l'histoire. L'histoire de l'absence des marbres du Parthénon au musée de l'Acropole.

Et pourtant, les histoires ne se gravent pas dans le marbre, mais dans le sable. Aucune, pas même celle-ci, n'est éternelle ni immuable, elle continue de vivre et de se réécrire chaque fois qu'elle est racontée.

Le Parthénon est aujourd'hui le symbole universel du manque et du vide. De tout ce qui a été livré à la négligence et à la dévastation. De tout ce que l'on n'a pas su ou que l'on a oublié de défendre et qui a été ainsi mis en pièces, bradé, déporté.

Mais cette histoire n'est pas terminée à jamais, contrairement à ma nuit au musée de l'Acropole qui touche à sa fin. De nombreuses pages restent à écrire, celles de la sollicitude, de la réparation, de la résolution. Peut-être même de la restitution.

Le temps présent est la feuille vierge de l'histoire à

venir de la Grèce. C'est de notre main et notre âme que nous l'écrirons.

Si j'ai eu besoin cette nuit de remplir de mots le vide laissé à Athènes par lord Elgin, c'est surtout pour soigner ma propre incomplétude. Pour exorciser cette malédiction dont nous avons tous été atteints sitôt arrachée la première pierre, matérielle ou intellectuelle, à la Grèce.

J'ignore s'ils m'ont pardonnée, mais cette nuit, du moins, les marbres de Phidias m'ont écoutée. Je peux à présent m'allonger sur mon lit de camp et tâcher de dissiper dans le sommeil les quelques heures qui me séparent de l'aube.

Pour imparfaite que je sois, j'ai le sentiment d'avoir fait ma part. Comme nous tâchons tous de le faire.

À mon réveil m'attendra, éternel, le spectacle de la Grèce ressurgissant chaque nuit de l'obscurité. Fidèle à son devoir de révéler l'émotion que le monde recèle, aidant les hommes à ne pas perdre la certitude confiante d'en détenir un peu à leur tour.

La morsure du sel de l'Égée sur ma peau et mes yeux me ramène à la vie.

Il n'est que 10 heures, mais la plage de Vouliagméni, à moins de vingt kilomètres d'Athènes, est déjà prise d'assaut par de joyeuses familles grecques bien décidées à profiter du soleil et de la mer accueillante de ce dernier dimanche de mai. À l'horizon se dessine, tel un mirage, la silhouette de l'île d'Égine ; le ciel est d'un bleu fatal ; le sable blanc est celui dans lequel les héros grecs enfoncèrent leurs pas deux mille cinq cents ans plus tôt.

Je plonge encore une fois en retenant mon souffle. Le silence sous l'eau me rappelle celui de ma nuit au musée de l'Acropole. J'en aurai à jamais la nostalgie et ne cesserai de le chercher dans chaque anfractuosité, tel un pêcheur d'oursins.

Le ventre d'une mère, c'est ainsi qu'Homère définissait la mer enveloppant les quilles des navires d'un silence aquatique. Afin de sortir du ventre de marbre du musée de l'Acropole, je n'ai trouvé aucune autre solution que de m'immerger dans la mer grecque. L'éternel retour à la vie par la mer, aurait dit Ulysse ; un baptême païen entre crème solaire, chaises longues colorées et restaurants de poisson grillé.

Les yeux rougis par le sel et le manque de sommeil. Le mascara noir posé la veille coulant sur mon visage comme les larmes de rouille sur certaines statues antiques. Le corps endolori par les trois heures passées recroquevillée sur le lit de camp. Ce n'est ni le retour fatigué de l'ancien combattant, ni l'épique remontée des Enfers ; mais quitter le musée de l'Acropole fut pour moi aussi violent qu'une expulsion.

Suivant les consignes du directeur, un gardien est venu me réveiller à l'aube afin que je libère la salle des marbres du Parthénon avant l'arrivée des touristes à l'ouverture du musée. Ce n'était pas le même qu'hier soir : la mine inflexible et sévère, le regard froncé qu'il a promené sur mon lit de camp et mes quelques effets éparpillés sur le sol m'ont rappelé la supériorité avec laquelle, à Paris, les passants évitent les corps des *clochards** étendus sur les grilles du métro.

De toute façon, j'avais les yeux ouverts depuis longtemps, depuis les premiers rayons du soleil qui, précis comme le miracle de la vie, ont inondé de lumière les baies vitrées du musée.

Je pensais que le spectacle le plus inoubliable que l'Acropole puisse offrir depuis vingt-cinq siècles à ses fidèles était le coucher de soleil. Je me trompais. Le véritable prodige est l'aube qui chaque matin illumine de ses reflets le Parthénon, la lune diurne de cette cité orientale.

D'après Homère, l'aurore est rhododaktyle (ῥοδοδάκτυλος), « aux doigts de rose », mais ce matin les caresses de l'aube dans le ciel d'Athènes étaient d'or. Surgissant derrière la Macédoine et la Thessalie, vers 6 heures, le char du Soleil a baigné l'Attique d'une lumière dorée pour ranimer chacun de ses habitants, comme le souffle d'une Pentecôte antique.

Je savais qu'Athéna était la protectrice d'Athènes de tout temps et à jamais, mais j'ignorais qu'elle était aussi pour sa ville une formidable directrice de la photographie.

En franchissant la porte du musée, l'air vif du petit matin grec m'a rappelé lorsque, plus jeune, je sortais très tôt de la maison pour arriver à temps à mon cours de littérature grecque au beau milieu des cloîtres de l'université de Milan. Et je voudrais pouvoir montrer à l'étudiante en herbe que j'ai été ce matin glorieux où je sors du musée de l'Acropole à l'aube, comme une amante. Et lui dire que tout ce qui s'est passé en valait la peine et la souffrance.

Je pense ensuite à mon père, à sa vieillesse qui avait des airs d'enfance, et j'adresse un sourire au ciel, ressentant profondément en moi l'héritage de chacun de ses échecs.

Les passants qui traversent Dionysiou Areopagitou à cette heure-ci sont peu nombreux ; ce sont pour la plupart des photographes amateurs qui ont docilement répondu à l'appel de la lumière qui se hisse tel un drapeau au-dessus de l'Acropole. Je descends les escaliers à grand-peine, encombrée par mon lit de camp replié tant bien que mal, et je sors de la cour du musée.

La boîte aux lettres jaune est toujours là ; je m'étonne de m'étonner de sa présence, comme si je la retrouvais après un très long voyage. J'y glisse rapidement la carte postale que j'ai écrite, alors que le gardien compte les minutes manquant à mon expulsion définitive, et je la confie aux bons soins des postes grecques.

Je me tourne et je le vois.

L'homme qui m'attendait patiemment à minuit au pied de l'Acropole est de l'autre côté de la rue, droit comme un soldat antique. Il vient vers moi, récupère le lit de camp et me serre dans ses bras sans dire un mot, sans rien abîmer.

Nous hélons un taxi et partons vers la mer.

*

J'ignore ce qui me restera demain de la nuit que je viens de passer.

En rassemblant mes affaires, j'ai fait du regard mes adieux aux marbres brisés du Parthénon. Je reviendrai un jour dans ce musée, j'en suis certaine, comme j'étais déjà venue par le passé, mais jamais plus les statues de Phidias ne m'appartiendront comme durant ces heures nocturnes.

Je passerai les prochains mois et les prochaines années, les mains tremblantes au souvenir qui s'efface, à tâcher d'en copier dans ma tête les contours tels que je les ai aperçus cette nuit. Complets, inviolés, restaurés par l'histoire que j'ai voulu raconter.

Leur histoire. Et l'histoire de lord Elgin.

Face à l'intégrité de la Grèce, nous sommes tous comme les marbres abîmés de l'Acropole. Nous sommes des nostalgies.

L'époque où le Parthénon trônait entier et fier sur les hauteurs d'Athènes est lointaine et à jamais révolue, mais l'Acropole reste la toile de fond où nos pensées prennent forme.

L'erreur des hommes, source de discorde et de malheurs, est de s'acharner à chercher un point commun entre eux et non derrière eux, dans les passages de l'histoire. Et de la Grèce.

Comme dans les paysages que l'on aperçoit au loin dans les tableaux de la Renaissance, de Léonard de Vinci et de Raphaël, avec leurs minuscules ponts, collines, sentiers aux deuxième et troisième plans, ainsi la Grèce antique reste le décor dans lequel nos idées fragiles deviennent mouvement et volonté.

C'est là, en Grèce, que se déroulent les histoires

dont nous ne sommes aujourd'hui que les titres indéchiffrables.

C'est là que se consument nos pleurs, nos guerres, nos triomphes et nos deuils.

C'est à l'ombre du Parthénon que nous *sommes* véritablement, tandis qu'au premier plan de notre présent oublieux nous ne faisons qu'aller et venir.

Il me revient à l'esprit la question que se posait Séféris en regardant l'Acropole. Où sont aujourd'hui les âmes de tous ces gens, de tous ceux qui ont construit ces monuments, où sont-elles ?

Leurs âmes sont devenues les nôtres.

REMERCIEMENTS

Le livre que j'ai apporté avec moi aux pieds des marbres de Phidias est *Lord Elgin. L'homme qui s'empara des marbres du Parthénon* de William St. Clair ; je dois à son travail la découverte de l'une des histoires les plus romanesques qu'il m'ait été donné de connaître. La traduction française est due à Jeannie et Marielle Carlier (Éditions Macula, 1988).

Les traductions de Byron sont tirées de plusieurs éditions : *Le Pèlerinage de Childe Harold*, préfacé et annoté par l'auteur, adaptation en français et note du traducteur par Jean Pavans, présentation de Franck Delorieux (Éditions Manifeste, collection « Les Lettres françaises », 2022), les *Œuvres complètes*, traduction par Benjamin Laroche (Paris, V. Lecou, 1847) pour « La malédiction de Minerve » et les *Œuvres complètes*, avec notes et commentaires, traduction par Paulin Paris (Paris, Dondey-Dupré, 1830-1831) pour les notes préparatoires au *Pèlerinage de Childe Harold*.

Les citations d'*Alexis Zorba* de Nikos Kazantzaki proviennent de la traduction du grec de René Bouchet (Éditions Cambourakis, 2015), tandis que celles des *Six nuits sur l'Acropole* de George Séféris sont tirées de la traduction de Gilles Ortlieb (Le Bruit du temps, 2013).

J'adresse ma gratitude la plus sincère au musée de l'Acropole d'Athènes, au directeur Nikolaos Stampolidis, à la conservatrice Anna Vlachaki et à tout le personnel pour m'avoir accueillie la nuit du 28 mai 2022. Je chérirai toujours l'honneur qui m'a été accordé et dont je resterai à jamais reconnaissante et incrédule.

Merci à Katherina Xyla-Loth, présidente du Centre culturel hellénique de Paris, et à toute l'ambassade de Grèce en France pour avoir soutenu et rendu possible cette aventure littéraire. Merci à Alina Gurdiel, Manuel Carcassonne et Raphaëlle Liebaert pour avoir cru en ce livre et pour le soutien constant durant son écriture.

Merci à Nikos Aliagas pour son amitié toute grecque depuis mon arrivée en France et pour les photographies prises au coucher du soleil au musée de l'Acropole qui m'autorisent à croire que cette nuit n'a pas été qu'un rêve. Merci à Sylvain Tesson qui, avec son spectacle sur lord Byron au Théâtre de Poche de Paris, a renforcé mon esprit philhellène.

Merci à mon amie et traductrice Béatrice Robert-Boissier pour le travail exemplaire et le soin avec lequel elle a restitué en français chacune de mes pensées nées en italien, ainsi que pour les idées et les intuitions dont elle a accompagné l'écriture de ce livre.

Merci à mon compagnon de m'avoir attendue cette nuit-là devant l'Acropole et toutes les autres nuits passées et à venir.

DE LA MÊME AUTRICE :

La Langue géniale. Neuf bonnes raisons d'aimer le grec, Les Belles Lettres, 2018 ; Le Livre de Poche, 2019

La Part du héros. Le mythe des Argonautes et le courage d'aimer, Les Belles Lettres, 2019 ; Le Livre de Poche, 2020

Étymologies. Pour survivre au chaos, Les Belles Lettres, 2020 ; Le Livre de Poche, 2021

*L'Art de résister. Comment l'*Énéide *nous apprend à traverser une crise*, Gallimard, 2021

De la gymnastique : de Marathon à Athènes, les ailes aux pieds, Gallimard, 2024

Retrouvez Andrea Marcolongo au Livre de Poche

PAPIER CERTIFIÉ

Le Livre de Poche s'engage pour l'environnement en réduisant l'empreinte carbone de ses livres. Celle de cet exemplaire est de :
150 g éq. CO_2
Rendez-vous sur www.livredepoche-durable.fr

Composition réalisée par NORD COMPO

Achevé d'imprimer en France par
CPI BRODARD & TAUPIN (72200 La Flèche)
en avril 2024
N° d'impression : 3057115
Dépôt légal 1re publication : mai 2024
LIBRAIRIE GÉNÉRALE FRANÇAISE
21, rue du Montparnasse – 75298 Paris Cedex 06

85/2266/2